GERMANISCHE BIBLIOTHEK

BEGRÜNDET VON WILHELM STREITBERG
NEUE FOLGE. HERAUSGEGEBEN VON HUGO STOPP

7. Reihe: Quellen zur deutschen Sprach- und Literaturgeschichte

QUELLEN ZUR DEUTSCHEN SPRACH- UND LITERATURGESCHICHTE

Herausgegeben von

ROLF BERGMANN und HUGO STOPP

1

Aus Kochbüchern
des 14. bis 19. Jahrhunderts
Quellen zur Geschichte einer Textart

Unter Mitarbeit von Renate Ertl und Angelika Schmitt
herausgegeben von
Hugo Stopp

HEIDELBERG 1980
CARL WINTER · UNIVERSITÄTSVERLAG

Aus Kochbüchern des 14. bis 19. Jahrhunderts

Quellen zur Geschichte einer Textart

Unter Mitarbeit von Renate Ertl und Angelika Schmitt
herausgegeben von
Hugo Stopp

HEIDELBERG 1980
CARL WINTER · UNIVERSITÄTSVERLAG

CIP-Kurztitelaufnahme der Deutschen Bibliothek

Aus Kochbüchern des 14. [vierzehnten] bis 19. [neunzehnten] Jahrhunderts: Quellen zur Geschichte e. Textart / unter Mitarb. von Renate Ertl u. Angelika Schmitt hrsg. von Hugo Stopp. – Heidelberg: Winter, 1980.

(Germanische Bibliothek: N.F.: Reihe 7, Quellen zur dt. Sprach- u. Literaturgeschichte)

ISBN 3-533-02935-2

NE: Stopp, Hugo [Hrsg.]

ISBN 3-533-02935-2

Alle Rechte vorbehalten. © 1980. Carl Winter Universitätsverlag, gegr. 1822, GmbH., Heidelberg
Photomechanische Wiedergabe nur mit ausdrücklicher Genehmigung durch den Verlag
Imprimé en Allemagne. Printed in Germany
Reproduktion und Druck: Carl Winter Universitätsverlag, Abteilung Druckerei, Heidelberg

INHALT

Vorwort.. 6

A. Handschrift, ostfränkisch 14. Jahrhundert.................. 7

B. Druck, Nürnberg um a. 1490............................... 27

C. Druck, Augsburg a. 1544.................................. 47

D. Handschrift, Augsburg a. 1553............................ 67

E. Druck, Amberg a. 1598.................................... 87

F. Druck, Nürnberg a. 1691................................. 107

G. Druck, Nürnberg a. 1789/1790............................ 127

H. Druck, Nürnberg a. 1886................................. 147

Verzeichnisse

  I. Quellen.. 169

  II. Sekundärliteratur..................................... 172

  III. Rezepte.. 174

  IV. Wörter.. 178

VORWORT

Die hier publizierten Auszüge aus Handschriften und Drucken dokumentieren an Beispielen die Geschichte der Textart Kochbuch über sechs Jahrhunderte hinweg. Bei der Auswahl der Rezepte wurde versucht, in jedem Kochbuch verschiedene Kategorien von Speisen in je etwa gleichem Textumfang zu berücksichtigen.

Die Wiedergabe der Vorlagen erfolgt außer im Fall der Augsburger Handschrift (sieh unten, S. 170) wort- und buchstabengetreu; die Abbreviatur für *er* erscheint als ᴶ. Eine erste Übersicht über die Überlieferungsform und über Gebiet/Ort und Zeit/Jahr der Herstellung der Quellen gibt das Inhaltsverzeichnis. Die verschiedenen Verzeichnisse, unten S. 169-186, sollen die Arbeit an den Texten erleichtern.

Ulrike Gießmann hat uns in mancherlei Hinsicht geholfen; Maria Walch hat eine Korrektur mitgelesen. Frau Bibliotheksdirektorin Dr. Elisabeth Rücker vom Germanischen Nationalmuseum und Herr Dr. Günther Thomann von der Stadtbibliothek Nürnberg haben uns die Drucke des 18. und 19. Jahrhunderts genannt. Herr Bibliotheksoberrat Dr. Peter Zahn von der Handschriftenabteilung der Universitätsbibliothek München hat die Erlaubnis zur Publikation der Texte aus der Handschrift des 14. Jahrhunderts erteilt. Ihnen allen sei auch an dieser Stelle aufrichtig gedankt.

Augsburg, 05. August 1980   *Renate Ertl*
                                                                       Angelika Schmitt
                                                                       Hugo Stopp

A.

HANDSCHRIFT

OSTFRÄNKISCH 14. JAHRHUNDERT

1. von eime gerihte vo lebͥ·

Man ſol nemen ein lebern vn̄ herte eyer die ſol man ſtŏzzen in eime mŏrſer· vn̄ daz ſol man mengen mit luterm tranke oder mit wine oder mit ez-
zige vn̄ ſal ez malen in einer ſenfmůlen vn̄ nem zwiboln die ſolt du ſẙden
5 mit ſmaltze oder mit ŏle daz ſol man giezzen v̊ber viſche oder v̊ber wilt-
pret Noch dirre wiſe mahtu vil anders dinges machen·

2. wilt du machen einen agraz·

Nim wintrůbele· vn̄ ſtoz ſur ephele· diz tů zů ſammene· menge ez mit wine·
vn̄ drůckes vz· diſe ſalſe iſt gůt zů ſcheffinem bratē· vn̄ zů hůnrē· vn̄ zů
viſchen· vn̄ heizet agraz·

3. abͥ ein cōdimēt·

Nim aſchlauch vn̄ ſcheln ribin· mit ſaltze mengin mit wine eder mit ezzige
vn̄ drůckez vz diſe ſalſe iſt gůt zů rinderinen braten

4. Ein ſalſe·

Nim ſure winber· vn̄ tů dar zů ſalbey vn̄ zwei knobelauches haubt vn̄ ſpec
vn̄ ſtoz daz zů ſammene drůckez vz vn̄ gibz fůr eine gůten ſalſe·

5. Ein agraz

Nim holtzepfele vn̄ peterlin vn̄ bezzin vn̄ ſtoz daz zů ſammene vn̄ drůckez
vz daz die petͥſilie ein wenic zů var daz heizzet auch agraz

6. Ein qdimētlin

Mal kůmel vn̄ enis mit pfeffer vn̄ mit ezzige vn̄ mit honige vn̄ mach ez gel
mit ſaffran vn̄ tů dar zů ſenf in diſem cōdimente mahtu ſůlze petͥſielien
bern· vn̄ clein cumpoſt oder růben waz du wilt

7. Ein gůt ſalſe·

Nim win vn̄ honigſaum ſetzze daz vf daz fiůr vn̄ laz ez ſieden· vn̄ tů dar
zů geſtozzen ingeber me dēne pfeffers ſtoz knobelauch doch niht alzů vil
vn̄ mach ez ſtarck vn̄ růrez mit eyner ſchinen laz ez ſieden biz daz ez
5 brinnē beginne Diz ſal mā ezzen in kaldem wetere vn̄ heizzet ſwallenber-
ges ſalſe

8. ein gebraten gefůltez ferhelin·

Ein gebraten gefultez ferhelin mache alſo Nim ein verkelin daz drier wů-
chen alt ſi· vn̄ brů daz kůle· vn̄ zůhe im daz har allez abe daz man ez
iht wunde· ſo ſol man im v̂mme den rans vſſene die hut lazzen· vn̄ lôſe
5 beide fleiſch· vn̄ gebeine abe· vn̄ allez daz ez in dem libe hat· an die
klawen die ez nidēnen hat· vf den fůzzen· vn̄ nime des fleiſches daz dor
vz gezogen iſt wol als zwei eier vn̄ ſůde ez vilnach gar· vn̄ nime danne
daz· vn̄ ſpec vn̄ hackez· tů rowe eyer dor zů vn̄ einen ſniten brôtes vn̄
peterlin krut· vn̄ ſaltz zů mazze· vn̄ fůlle da mit daz ferkelin niht al-
10 zv vol vn̄ forne den munt vn̄ legez ſanfte in einen kezzel laz ez erwallē
daz die hut iht zů breche· ſo nim ez denne· vn̄ lege ez vf einē hůlzinen
rôſt vn̄ brate ez ſanfte Als ez denne wol gerôſt ſi ſo nim ein bret vn̄
lege daz vf eine ſchůzzeln mache vf daz bret vier ſteckelin vn̄ cleide
daz bret mit eime blat von eyern· vn̄ ſetze daz verkelin dar vf· cleide
15 ez auch mit eime blate vn̄ laz im die ôren dar vz gen vn̄ den munt vnde
trage ez hin·

9. Ein gůt gethrahte·

Nim gebratene byern vn̄ ro ſur epfele vn̄ nim vnder wahſen fleiſch geſoten
vn̄ nim pfeffer vn̄ ſaffran daz ſtoz zů ſammene vn̄ mache ez weich· mit
roen eyern· ſo mache ein blat von eyern vn̄ zů teyle daz fůlle dar vf die
5 matien daz glich werde· ſo wint daz blat zů ſammene vn̄ machez naz von
eyer teyge vn̄ legez in ſiedenz ſmaltz vn̄ backez harte ſo ſtecke do durch
einen ſpiz vn̄ legez zů dem vfure vn̄ beſlahez eins mit eyern vn̄ eins mit
ſmaltze mit zwein ſwāme alſo lange biz daz ez ſinge vn̄ rot wďe vn̄ gibz
hin·

A. Hs. ostfränkisch 14. Jh.   11

10. ein gůt geriht

Einen ohſen ſpec gemaht von eime kalbe gebrŏten vn̄ wol geſoten geſlagen
daz gebrete an ein ander vn̄ die ſwarten vz gekeret vn̄ gewunden in ein
tůch wol abe gewůrtz vn̄ lŏz ez wol erkalden vn̄ důnne ſchineht geſniten
5 vingers breit gemaht in einer fliezzende ſultze· vn̄ verſaltz niht· vn̄
gibz hin·

11. diz ſint haſelhůner·

Haſelhůnre von frieſental mache alſo· Man ſol nemen reynevan vn̄ peterlin·
vn̄ ſalbei vnder einander vn̄ ein wenic brŏtes geriben dar zů· vn̄ wůrtze
vn̄ eier vn̄ ribe daz mit wine· vn̄ ſůde daz wol vnder einandĕ vn̄ gibz hin·

12. ein gůt ſpiſe von hůnnern·

Eyn gebraten hun zelide cleyne nim wizzez brŏt mache einē důnnen eyer
teic ſaffran vn̄ pfeffer ſtŏz vn̄ tů daz zů ſammene vn̄ mengez wol in einem
vazze vn̄ nim einen mŏrſer mit friſchem· ſmaltze· vn̄ ſtŏz diz alzů male
5 vn̄ ebenez oben mit einer kellen· vn̄ deckez mit einer ſchůzzeln vn̄ kere
den mŏrſer dicke v̂mme gen dem fůre daz er glich heiz habe· vn̄ weich bli-
be als er harte werde ſo ſeige denne abe daz ſmaltz vn̄ ſchůte daz hůn in
ein ſchůzzeln· vn̄ gibz hin·

13. Ein gůt ſpiſe

Nim von der bruſt des hůnes vn̄ hacke ez cleine vn̄ ſtoz ez in eime mŏrſer·
vn̄ tů dar zů ein wenic melwes vn̄ grobes brotes pfeffer oder ingeber ſaltz
zů mazze ein ey oder zwey noch der menge rŏſte daz wol zů ſammene ſnit
5 zwei clůppelin eines vingers lanc als ein eln ſchaft fornen ſleht ſinewel
vn̄ nim des geſoten als groz als ein morche walkez ſinewel in der hant vn̄
fůge ez v̂mme den ſpiz als ein marach vn̄ zwengez vzzene daz ez kruſp ſi
legez in ein phannē laz ez ſieden mit dem ſtecken die wile daz ſiede ſo
bewirke den andeͣn ſtecken als du den einen vz nemeſt ſo lege den andern
10 in· vn̄ mache ir als vil als du wilt wanne ſie gar ſin geſoten ſo nim ſie
vz růre ein gehacketz můs mit butern daz fůlle in die morchen vn̄ ſtecke

ſie entwhes an den ſpiz mache ſie heiz vnde betraufe ſie mit butern vn̄
gib ſie hin Alſo mahtu auch machen morchen von hecheden vn̄ vō lehſen vn̄
wo von du wilt·

14. diz iſt ein gůt fulle

Stoz ein gans an einen ſpiz vn̄ ſůt daz gekrŏſe nim vier eyer geſoten her-
te· vn̄ nim dor zů eine broſmen ſchŏnes brotes vn̄ kůmel dor zů vn̄ ein we-
nic pfeffers vn̄ ſaffrans vn̄ nim dri geſoten hůnes lebern Mals zů ſammene
5 mit ezzige vn̄ mit hůner ſode zů mazzen ſur vn̄ ſchele zwiboln vn̄ ſnide
ſie důnne vn̄ tů ſie denne in einen hafen tů dar zů ſmaltz oder wazzer·
vn̄ laz ſie ſieden daz ſie weich werden· vn̄ nim denne ſur epfele ſnit die
kern her vz als die zwiboln gar ſin geſoten wirf die epfele dar zů daz
ez weich belibe vn̄ tů denne daz gemalne vn̄ die epfele vn̄ die zwiboln al-
10 le in ein phannen vn̄ als die gans gebraten iſt ſo zů lide ſie lege ſie
in ein ſchŏn vaz vn̄ gůz daz condimente dar v̊ber vn̄ gib ſie hin·

15. wilt du machen ein ſpiſe vō hůnern

Diz heizzent kůniges hůnre Nim iunge gebratene hůnre hau die an cleine
murſel· nim friſche eyer vn̄ zů ſlahe die menge dar zů geſtozzen ingeber·
vn̄ ein wenic enys gůz daz in einē veſten mŏrſer der heiz ſi mit dem ſel-
5 ben crute daz tů du zů den eyern da mit bewirf die hůnre· vn̄ tů die hůnre
in den mŏrſer vn̄ tů dar zů ſaffran vn̄ ſaltz zů mazzē· vn̄ tů ſie zů dē
viůr· vn̄ lazze ſie backen glich heiz mit ein wenic ſmaltzes gib ſie gantz
hin daz heizzent kůniges hůnre

16. Ein gůt ſpiſe·

Nim hůnre die brat niht volle gar ent lide ſie zů morſeln vn̄ laz ſie ſie-
den nůr in ſmaltze vn̄ wazzers vn̄ nim eine rinden brotes vn̄ ingeber vn̄ ein
wenic pfeffers vn̄ anis daz mal mit ezzige· vn̄ mit dem ſelben ſŏdichin vn̄
5 nim vier gebratē kůten vn̄ daz cōdimēt tů zů den hůnrē laz ez wol da mit
ſieden daz ez werde eben dicke haſtu niht kůten ſo nim gebraten bieren vn̄
mach ez da mite vn̄ gibz hin vn̄ ver ſaltz ez niht

17. Ein geriht von einer genſe.

Nim ein gans die niht alt ſi nim vz daz gekröſe ſnit abe die flügele vn̄
die diech ſtecke ſie in einen irdinen hafen der enge ſi gůz daz wazzer
vf daz ſie betůche ſetze ſie vf einen drifůz der vndē offen ſi bedecke
den hafen· daz der bradem iht vz ge· ſůt daz gekröſe ſunder vn̄ ſaltz die
5 gans· vn̄ ſůde die gans in dem ſode biz ſie vilnach trucken ſi vn̄ gar ſi
geſoten vn̄ nim denne ſůzze milich vn̄ ſehs totern· vn̄ zwei haubt knobe-
lauches die groz ſint vn̄ ſchele die ſchone vn̄ ſtoz ſie mit ein wenic
ſaltzes vn̄ menge daz mit der milich vn̄ mit den totern vn̄ ſaffran tů dar
zů· vn̄ gůz daz cōdiment vf die gans· laz ſie erwallen vn̄ gibe ſie hin
10

18. von einer hirz lebern.

Ein hirzes lebern ſol man braten vf eime röſte· die man lange behalten
wil· vn̄ ſol die důnne ſniden zů ſchiben· vn̄ nim einē reinen honicſaum
den ſůde· vn̄ nim denne yngeber· vn̄ galgā vn̄ negelin· die ſtözze vnder
ein ander· vn̄ wirfe ſie dar in· vn̄ nim denne ein faz· oder ein ſchaf dor
5 in du ez wilt tůn· vn̄ waſchez gar rein· vn̄ gůz ez dor in ein ſchiht ho-
niges· vn̄ lege denne ein ſchiht lebern· vn̄ alſo fůrbaz· vn̄ legez vaſte
vf ein ander vn̄ ſetze daz hin

19. heideniſche kůchē.

Diz heizzent heideniſſe kůchen· Man ſol nemen einen teyc vn̄ ſol důne
breiten· vn̄ nim ein geſoten fleiſch· vn̄ ſpec gehacket· vn̄ epfele· vn̄
pfeffer· vn̄ eyer dar in· vn̄ backe daz· vn̄ gibes hin vn̄ vſirtez niht·

20. Ein gůt ſpiſe.

Man ſol ein hůn braten mit ſpec gewůlt vn̄ ſnit denne aht ſniten armeritlé
vn̄ backe die in ſmalze niht zů trůge vn̄ ſchele ſur epfele ſnit die breit
an ſchiben· daz die kern vz vallen backe ſie ein wenig in ſmalze so ma-
5 che ein groz blat von eiern daz die pfannen alle begrife vn̄ tů dar zů
wůrtze ſo lege die erſten ſchiht von epfeln dor nach die armen ritlʲ dor
noch daz hůn daz ſol cleine gelidet ſin tů vf ieglich ſchiht ein wenig

wůrtze vn̄ mache ein qdimēt von wine vn̄ von honige vn̄ wůrtze niht alzv̊ heiz ſo lege daz blat zv̊ ſammene vn̄ ſtůrtze ein ſchuzzeln dor vf vn̄ kere die pfanne v̊mme ſnit obene ein venſtʾ dar in vn̄ gůz daz qdiment dor in vn̄ gibz hin diz heizzent hůnre von kriechen

21. Einē fladen·

Aber einen fladen von wenſten vn̄ von knucken wol geſoten vn̄ rip aber als vil keſes drunder· als vil des fleiſches iſt· vn̄ rurrez wol· vn̄ mengez mit eyern des viertels als vil hůner drunder geſtrauwet ſie ſint geſoten oder gebraten· daz mache allez vf ein blat von teyge· vn̄ ſchůz in eynen ofen· vn̄ laz backen· vn̄ gib in alſo heiz hin fůr die herren· vn̄ verſaltz niht daz iſt auch gůt·

22. Aber einē fladen

Der einen fladen wo̊lle machen von fleiſche von den wenſten ſo nim des vierteil kes dor zv̊ vn̄ ſla eyer genůc drunder· vn̄ ſnide ſwertelech von grůnen ſwartē drundʾ vn̄ tů auch dor zv̊ hůner lebern vn̄ megelech vn̄ ſnit ein birn lengeleht· vn̄ ſtrauwe ſie drunder vn̄ machez vf ſin blat· vn̄ laz ez backen vn̄ tragez hin

23. Einē fladē·

Der einen fladen wo̊lle machen von fleiſche von lumbeln gemaht der ſiedez wol vn̄ hackez cleine vn̄ ribe keſes genůc drin vn̄ ſlahe eyer auch genůc drin vn̄ wůrtz ez wol· vn̄ mache ein blat von teyge geſetz dri ecken von baſteln als ein ſchilt in den fladen vn̄ mit hůnrē gefůlt vn̄ verſaltz niht vn̄ gibz hin

24. Ein gůt fůlle·

Den reigel vf der ſchiben gemaht einen fladen von gůtem lumbel wol cleine gehacket for drunder geriben eins viertel keſes· vn̄ wol gemenget mit wůrtzen· vn̄ auch gemenget mit eyern vn̄ veitz genůc von ſpecke· vn̄ vier-

5 teil hūner drin geſtrauwet vn̄ backez wol· in einem ofen· vn̄ legez denne
vf ein ſchiben· vn̄ ſetze vier ſpizze mittē drin eines vingers grōz· vn̄
einer eln lanc vn̄ einen gūten halben braten geſtōzzen dran· vn̄ ein ſchōnē
baſtel kopf druf geſetzet ler dor vf geſetzzet zwelf halbe brōten vf ieg-
lichen ſpitz ein kūchelin· vn̄ dēne ein geſoten milich mit eyern vn̄ mit
10 ſaffran wol geferwet· vn̄ ſchūt ez in ein tūch· vn̄ beſwer ez mit ſteinen
vntz ez trucken wirt· vn̄ ſnidez vingers grōz vn̄ einer ſpannen lanc· vn̄
geſtōzzen an cleine ſpizze geſtōzzē alv̄mme den fladen ſinewel als ein
tūlle mit cleinen kūchen gebacken einen krantz al drv̄mme geſtōzzen mit
laubern· vn̄ gebacken vogel druf geſetzet vn̄ tragen fūr ſinen hᴊren·

25. ein klūge ſpiſe·

Diz iſt ein klūge ſpiſe ein hirn ſol man nemē vn̄ mel· vn̄ epfele vn̄ eyer
vn̄ menge daz mit wūrtzen· vn̄ ſtriche ez an einen ſpiz vn̄ bratez ſchōne
vn̄ gibz hin· Daz heizzet hirne gebraten· daz ſelbe tūt man einer lungen
5 die da geſoten iſt

26. Ein gut ſpiſe·

Nim geſotene ſwins darme vn̄ den magen ſnit die geſoten darm in viere die
langē vn̄ die cleinen dar nach ſnides gefūge als die riemen vn̄ den magen
ſnide auch ſmal vn̄ ſnit denne beide magen vn̄ darm den ietweders v̄bᴊ ſo
5 du cleineſt wilt· nim petᴊſilien bolei vn̄ minzzen· ſalbey geſotene herte
eyer vn̄ ſchōne brot kūmels aller meiſt vn̄ ein wenic pfeffers vn̄ ein ey
zv̄ der ſchūzzeln Diz male mit ezzige vn̄ mit gūteme ſode alſo daz ez niht
zeſur werde vn̄ gūz ez vf die kaldimēt vn̄ tū ſmaltz dor zv̄ laz ez erwarmen
vntz ez dicke werde gibz hin vn̄ verſaltz niht

27. ein gūt geriht

Nim dri geſotene ſmale ſwinez darme nim dar zv̄ ſmaltzes vō flemē daz tū
die wile ez vngeſotē iſt als lanc vn̄ groz als die darm ſint bint daz zv̄
ſammene ſlahe zwei eyer dor zv̄ vn̄ nim ein wenic ſchōnes brotes vn̄ pfeffer
5 vn̄ ſaltz zv̄ mazze In dem condimente erwelle die darme vn̄ fūlle ſie mit
dem condimente vn̄ ſtecke ſie in einen grozzen darm ſwaz des ⸗qdimentes

v̄ber blibe daz gůz in den grozzen darm vn̄ verbīt beide die innern vn̄ den
grozzen darm an beiden enden beſunder· teil daz ǫdiment glich in die darm
ſůt ſie gar vn̄ gib ſie heyz hin

28. wilt du machen ein gůt lebern·

Nim ein rindes lebern die niht ſteineht ſi vn̄ ſnit ſie an fůnf ſtůcke vn̄
lege ſie vf einē roſt vn̄ brat ſie alſo ſie ſich hat geſůbert ſo waſche
ſie in warmen wazzer oder in ſode alſo veizt ſude daz vn̄ laz ſie braten
5 gar vn̄ nim ſie deñe abe vn̄ lazze ſie kalden vn̄ beſnit ſie ſchone vn̄ nim
denne ein halb ſtůcke vn̄ ſtoz ez in eynem mȫrſer vn̄ ſtoz dar zů ein rin-
den gerȫſtes brotes tů pfeffer dar zů vn̄ ingeber daz ez ſcharfp werde vn̄
nim ein wenig anis vn̄ mal daz mit ezzige vn̄ mit honicſaume vn̄ erwelle ez
biz ez dicke werde vn̄ laz ez kalt blibē vn̄ lege dor in der lebern als vil
10 du wilt vn̄ zů der hochzit gibz vůr hirz lebern vn̄ des wilden ſwines le-
bern mache auch alſo Vn̄ nach dirre manunge erdenke auch ander ſpiſe·

29. Ein gefůltē kůchen

Zů gefůlten kůchin nim des do briz· vn̄ zů ſlahe den mit eyern· vn̄ tů dar
zů ein wenic brōtes oder geſtȫzzene viſche oder daz dicke von der mandel
milich· hie von mac man machen mit gŏtem krute kůchin oder waz man wil
5 von můſe·

30. von paſteden·

Wilt du machen paſteden von viſchen ſo ſchůpe die viſche vn̄ zůhe in abe
die hut ſwenne ſie erwallen vn̄ hau ſie zů cleinen ſtůcken· hacke peter-
lin vn̄ ſalbey dor in vn̄ tů dar zů pfeffer vn̄ yngeber zinemin vn̄ ſaffran·
5 temper ez allez mit wine vn̄ mache einen důnnen derben teyc vn̄ tů die vi-
ſche dor in vn̄ gůz den win· dor vf vn̄ decke ez mit eyme důnnē teyge vn̄
mache daz v̄mme vn̄ v̄m gantz vn̄ brich oben ein loch dor in vn̄ lege da fůr
ein clůſterlin von teyge vn̄ laz ez backen. Alſo mac man auch hůnre machē
auch fleiſch oder wilprete oder ele oder vȯgele·

31. von gefülten hechden·

Gefülte hechde ſol man alſo machen· man neme gefüge hechede vn̄ ſchůpe
die vn̄ lőſe in abe den darm zů dē ōren vz· nim viſche welher kůnne ſie
ſin· vn̄ ſůde ſie vn̄ lazze vz daz gerete ſtőzze ſie in eime mőrſer hacke
5 dar zů ſalbey pfeffer kůmel vn̄ ſafran· geſtozzen· ſaltz ſie zů mazzen da
mit fülle man die hechde· vn̄ beſprenge ſie vzzen mit ſaltze backe in vf
eime hůlzinē rőſte vn̄ brat in gar ſchőne· Alſo mahtu in auch machen mit
eyern

32. von friſchen elen·

Nim friſche ele vn̄ waſche in abe den ſlim· mit kalter aſchen lőſe in abe
die hut bi dem haubte vn̄ zůch die nider biz an den zagel· hacke ſalbey
vn̄ peterſilien· vn̄ tů dar zů geſtőzzen ingeber pfefʲ· enis vn̄ ſaltz zů
5 mazzen wirf vf die ele· vn̄ zůhe die hut wider v̄bʲ beſprenge die ele vzze-
ne mit ſaltze vn̄ brat ſie gar vf eime hůlzinē roſte vn̄ gib ſie hin·

33. diz iſt ein gůt ſpiſe vō eime lahs

Nim einen lahs ſchabe im abe die ſchůpen ſpalde in vn̄ ſnit in an ſtůcke
hacke peterlin ſelbey Nim geſtőzzen yngeber pfeffer· enys ſaltz zů maz-
zen mache eynen derben teyk noch der grőzze der ſtucke vn̄ wirf daz crut
5 vf die ſtůcke· vn̄ bewirke ſie mit dem teyge· kanſt du ſie geſtemphen in
ein forme daz tů· ſo mahtu machen hechde főrheln braſmē vn̄ backe iegli-
chez beſunder in ſime teyge iſt ez aber eins fleiſchtages ſo mahtu ma-
chen hůnre rephůnre tuben vn̄ vaſande mahtu mache ab du haſt die formen
vn̄ backe ſie in ſmaltze oder ſůt ſie in den formen· nim von den brüſten
10 der hůnre vn̄ ander gůt fleiſch ſo wirt die kunſt deſte bezzer vn̄ fer-
ſaltzez niht

34. Diz ſagt von eime ſtoc viſche

Nim einen ſtoc viſch do niht garſt inſi tů im die hut abe weich in ī kal-
tem wazzer eine naht vn̄ nim denne hʲvz vn̄ drůcke in in ezzig alſo daz er
blibe gantz binden vf zů ſchinen vn̄ lege in vf einen hůlzinē roſt ſtrich

5 daz feūr dar vnder allēthalben daz er erwarme laze in wol belaufen mit butern dor noch mache einē ſchȫnen teyk mit wizzem melwe· vn̄ mit eyern dor zv̊ tů geſtozzen pfeffer oder ingebͪ vn̄ ein wenic ſaffrans ſaltz zv̊ mazze ſprengez vf den viſch als der viſch gar heiz ſi ſo ſlahe den teyg dor vf mit eime ſwanke· riche vaſte koln dor vnder daz er rot werde al-
10 ſo tů daz e du in abe nemeſt vn̄ betrauf in veizt mit butern· vn̄ gib in hin·

35. Ein gůt fůlle·

Nim lampriden vn̄ ſnit ſie an ſehs ſtůcke daz mittelſt ſtůcke daz mache minner danne die andern ſtůcke beſprenge ez mit ſaltze vn̄ legez vf einen hultzinē roſt brat ſie gar· nim daz mittelſte ſtůcke· als ez gar ſi ge-
5 rȫſt ſtoz ez in eime mȫrſer· vn̄ tů dar zv̊ eine ſwartzen rinden brotes die weiche in ezzige vn̄ tů dar zv̊ geſtozzen galgan vn̄ pfeffer vn̄ ingeber vn̄ kůmel vn̄ muſchat blůmen vn̄ negelin wilt duz aber lange behalden ſo mach ez ſcharfp mit ezzige vn̄ ein wenic honiges vn̄ ſůdez vn̄ legez kalt dor in· noch dirre wiſe maht du machen· gebratene nůnaugen oder waz du
10 wilt·

36. Ein geriht von eime hechde

Nim einen friſchen hechede vn̄ lȫſe abe die hut als gantz vn̄ ſůde in gar vn̄ lȫſe vz die grete nim krut vn̄ ſtoz daz mit dem viſche· tů dar zv̊ ro eyer vn̄ ſaffran vn̄ fůlle die hut des hechdes vn̄ rȫſte in ein wenic vn̄
5 gibin hin

37. Ein geriht von vriſchē elen·

Nim friſche ele zv̊ch in abe die hut vn̄ ſnit abe daz haubt laz ſie gar ſieden vn̄ tů her vz die grete ſtoz krut eyer vn̄ ſchȫne brot vn̄ mit dem ale hacke ſalbei· dar zv̊ fůlle die hut vn̄ brat in vn̄ wůge daz haubt zv̊
5 dem ale cleide in mit einē důnnen teige vn̄ ein blat von eyern vn̄ machin druf· rȫſtin vn̄ gib in hin·

38. Ein geriht võ viſchē·

Nim einen friſchen hechde lŏſe im abe die hut võ dem hechde ſūde in gar
ſchone vn̄ liſe vz die grete vn̄ nim krut vn̄ ſtoz ez mit dem viſche tů dar
zů ro eyer vn̄ ſaffrā· vn̄ fůlle die hut des hechdes wider vn̄ daz haubt
5 daz rŏſt ein wenic vn̄ gibz hin·

39. Wilt du machen ein gůt můs·

Ein gebacken můs von viſchen dar zů ſolt du nemen einen berſich gebeizt
in ezzig· vn̄ wirf in dēne in milich die do ſi von mandel gemachet· mit
ris mele wol gemenget· vn̄ ein wenic ſmaltzes dor ī geton· vn̄ mit erwel-
5 let daz iſt gar gůt vn̄ v̇ſaltz niht

40. Ein fladen·

Einen fladen von fiſchen gemachet wiſze welherleie ſie ſint· hechede
oder berſige geworfen in eine dicken mandelmilch wol gemenget mit rys me-
le· vn̄ ein apfel dor in wůrfeleht geſniten· vn̄ ein wenic ſmaltzes dor in
5 getŏn· vn̄ ein wenic gewurtz gebreit vf ein blat von teyge gemaht vn̄
ſchůzzez in einē ofen vn̄ laz in backen·

41. Einē krapfen·

Wilt du einen vaſten krapfen machen von hechde darmen· nim eine gůten
mandelmilich· vn̄ tů alſo vil epfele als der viſche iſt· vn̄ ſnide ſie dor
vnder· vn̄ mengez mit ein wenic ris meles· daz iſt gůt zů gefůlten krap-
5 fen·

42. ein ſpiſe võ bonē·

Sůde grůne bonen· biz daz ſie weich werden ſo nim denne ſchŏn brot vn̄
ein wenic pfeffers driſtůt als vil kůmels mit ezzige vn̄ mit biere· mal
daz zů ſammē vn̄ tů dar zů ſaffran vn̄ ſeige abe daz ſode vn̄ gůz dar vf
5 daz gemalne vn̄ ſaltz ez zů mazzen vn̄ laz ez erwallen in dem cōdiment vn̄
gibz hin·

43. Ein gŭt gerihtlin.

Nim geſoten erbeiz vn̄ ſlahe die durch ein ſip ſlahe als vil eyer dor zv̆
als der erwis ſi vn̄ ſŭdez in butern niht alzv̆ feizt laz ſie kuln ſnit
ſie an murſal vn̄ ſtecke ſie an einen ſpiz brat ſie wol vn̄ beſlahe ſie
5 mit eyern vn̄ mit krute gib ſie hin

44. Ein mus mit lauche

Ein mŭs mit lauche• nim wizzē lauch vn̄ hacke in cleine• vn̄ mengez wol
mit gŭter mandelmilich• vn̄ mit riſe mele• vn̄ wol geſoten Aber ein vaſten
mŭs gemachet wol mit mandel milich• vn̄ wol gemenget mit ris mele• vn̄ daz
5 ſŭde wol vn̄ verſaltz niht•

45. Ein col ris

Ein colris• ris gebacken vn̄ mache von eyern dŭnne bleter vn̄ ſnit die
cleine• vn̄ wirf die in ein ſŭzze milich• vn̄ nim ſemel brŏt• vn̄ ſnit daz
wŭrfeleht dor in• vnde mengez mit eyer totern• vn̄ ſŭdez wol• vn̄ tŭ ein
5 ſmaltz dor vf vnde verſaltz niht•

46. Ein col ris•

Aber ein colris nim eyger• vn̄ zeſlahe die mit ſemel mele• vn̄ zeſlahe
daz• dŭnne kŭchen geworfen in ein milich• vn̄ wol gerŭrt biz ez geſiede•
vn̄ mengez aber mit eyger totern• vn̄ tŭ ein ſmaltz drin• vn̄ gibz hin

47. abᴊ ein col rys•

Aber ein colris• nim dŭnne kŭchē gebacken von eyern• vn̄ ſnit die wŭrfe-
leht• vn̄ ſnit als vil ſemelbrŏtes dor zv̆ wŭrfeleht• vn̄ tŭ ez in ein mi-
lich• vn̄ nim einen apfel• vn̄ ſnit den wŭrfeleht drin• vn̄ rŭrez wol mit
5 eyertotern• vn̄ laz ez ſieden wol vn̄ gibz hin•

48. ein konkavelite·

Zů einer ſchůzzeln ze machē· man ſol nemen ein phunt mandels· vn̄ ſol mit wine die milich vz ſtōzzen· vn̄ kirſen ein phunt· vn̄ ſlahe die durch ein ſip· vn̄ tů die kirſen in die milich· vn̄ nim einē vierdung riſes dē ſol
5 man ſtōzzen zů mele· vn̄ tů daz in die milich· vn̄ nim denne ein rein ſmaltz· oder ſpec· vnde ſmeltze daz in einer phannen· vn̄ tů dar zů ein halbe mark wizzes zvckers· vn̄ v'ſaltz niht vn̄ gibz hin

49. wilt du machen einē blamenſĭr

Wie man ſol machen einē blamenſer· Man ſol nemen zigenin milich· vn̄ mache mandels ein halp phunt· einen vierdunc ryſes ſol man ſtōzzen zů mele· vn̄ tů daz in die milich kalt· vn̄ nim eines hůnes bruſt die ſol man
5 zeiſen· vn̄ ſol die hacken dor in· vn̄ ein rein ſmaltz ſol man dor in tůn· vn̄ ſol ez dor inne ſieden· vn̄ gibs im genůc· vn̄ nime ez denne wider· vn̄ nim geſtōzzen violn vn̄ wirfe den dor in· vn̄ einē vierdůc zuckers· tů man dor in vn̄ gebs hin·
Alſo mac man auch inder vaſten machen einen blamenſer von eime hechede·

50. Ein klůge ſpiſe· von pflumen·

Man ſol nemen kriechen· alſo· ſo ſie zitig ſin vn̄ tů die in einē erinē hafen· vn̄ gůz dor vf win od' wazzer· daz ſie wol zů kinen· vn̄ lazze ſie ſieden vn̄ zů ſtōzze ſie denē daz die kern niht brechen· vn̄ ſlahe die
5 durch ein ſip· vn̄ tů eine ſniten ſchōnes brōtes dar zů· vn̄ honic vn̄ laz ez zů gen· vn̄ tů daz dor zů vn̄ win oder wazzer· vn̄ gůzze ez zů dem můſe mit truckem geſtōzzeme krute· alſo maht du auch wol machen kyrſen můs oder ſpilinge můs·

51. Ein gůte fůlle·

Wiltu machen Ein ſpiſe beſnide biern ſchōne vn̄ ſpalt in viere vn̄ lege ſie in einen hafen· vn̄ bedecke dē hafen vn̄ becleibe ez mit teyge daz der bradem iht vz můge denē beſtůrtze den hafen mit einer witen ſtůrtzen· vn̄
5 lege dar ům̄e glůende koln vn̄ laz ez langſam backen· ſo nim denne die

birn h? vz vn̄ tū reines honiges dor zů alſo vil als der birn iſt· vn̄ ſū-
de ez mit ein ander daz ez dicke werde· vn̄ gibz hin· Alſo mahtu auch vō
epfeln vn̄ von kůten aber man ſol pfeffers genůc dar zů tůn·

52. Ein ſpiſe von birn

Nim gebratene birn· vn̄ ſure epfele vn̄ hacke ſie kleine· vn̄ tů dar zů
pfeffer· vn̄ enis· vn̄ rŏ eyer ſnit zŵ důnne ſchiben von ſchŏnem brŏte fůl-
le diz da zwiſchen niht vollen eines vingers dicke· mache ein důnnez blat
5 von eyern· vn̄ kere daz einez dor inne v̊mm vn̄ backez mit butern in einer
pfannen biz daz ez rŏt werde vn̄ gibz hin

53. Ein kůtenmůs·

Wilt du machen ein kůtenmůs· ſo nim kůten wie vil du wilt vn̄ ſůde ſie gar
ſchŏn· vn̄ nim denne einen mŏrſer· vn̄ ſtŏzze ſie dor inne clein· vn̄ ſlahe
ſie durch ein tůch· vn̄ nim eyer totern dor zů vn̄ ſůdez do mit· vn̄ tů ein
5 zvcker druf vn̄ verſaltz niht·

54. Einē keſe von mandel

Wilt du machen aber einen keſe von mandeln· ſo nim mandelkern vn̄ ſtŏz
die· vn̄ nim die milich vn̄ gůz einer gůten milich dor zů· vn̄ erwelle daz
abe vn̄ ſchůtez vf ein tůch· laz in erkaldē vn̄ lege in in einen keſe napf
5 vn̄ mache in· vn̄ lege in denne vf ein teler beſtrauwe in mit eime zuckere·
daz heizzet ein mandelkeſe·

55. Ein gůt fůlle

Conkauelit mäht man von kirſen von den ſuren kirſen daz ſint wiſeln· die
ſol man nemen· vn̄ mandelkern eine gůten mandelmilich machen· vn̄ mit einē
wine die kirſen wol geſoten· vn̄ mit ir eygin brů· vn̄ geſlagen durch ein
5 tůch· vn̄ denne gegozzen in die mandelmilch· vn̄ gar geſoten in eyme hafen
vn̄ dor zů wol gerůrt mit riſ mele· vn̄ ſmaltz genůc dor an geton· vn̄ auch
wůrtze genůc vn̄ zucker dor vf vn̄ verſaltz niht

A. Hs. ostfränkisch 14. Jh.   23

56. heideniſche erweiz·

Wilt du machen behemmiſche erweiz ſo nim mandelkern· vn̄ ſtōz die gar clei-
ne· vn̄ mengez mit dritteil als vil honiges· vn̄ mit gůten wůrtzen wol ge-
menget ſo erz allerbeſte hat· die koſte git man kalt oder warm·

57. Ein mandelmůs·

So du wilt machen ein mandelmus· ſo nim mandelmilch· vn̄ ſemelin brōt· vn̄
ſnide daz wůrfeleht vn̄ tů daz in die mandelmilch vn̄ erwelle daz· vn̄ nim
einen apfel vn̄ ſnit den wůrfeleht· vn̄ rōſt dē in eime ſmaltze· vn̄ tů daz
5 vf daz mandelmůs· vn̄ gibz hin·

58. Ein cygern vō mandel

Wilt du machen ein cyger von mandeln· ſo nim mandelkern· vn̄ ſtōz die in
einē mōrſer· vn̄ die mandelmilch erwelle· vn̄ ſchůte ſie vf ein ſchōn
tůch· vn̄ einen ſchaub drunder· vn̄ laz in erkůln· vn̄ ſlahe in vf ein
5 ſchůzzeln· vn̄ ſtōz dor vf mandelkern· vn̄ ſtrauw dor vf zvcker· vn̄ gibz
hin·

59. Einē mandel wecke·

So du denne wilt machen einen mandelwecke· ſo nim aber mandelkern geſtōz-
zen zů einer milich· vn̄ ſůt die vn̄ ſchůt die vf ein tůch· vn̄ laz erkůln
vn̄ mach in als ein buter wecke· vn̄ leg in vf ein ſchůzzeln vn̄ gůz ein
5 mandelmilich drůmme vn̄ ſtrauwe ein zvcker dor vf vn̄ gib in hin·

60. Einē fladen von wiſſeln·

Der einen fladen wōlle machē von wiſeln· der nem ſie vn̄ breche in die ſti-
le abe· vn̄ ſiede ſie in einē hafen biz ſie trucken werden mit ſines ſel-
bes brů· vn̄ ſchůte ſie denē vz vn̄ laz ſie der kůln· vn̄ ſlahe ſie durch
5 ein tůch· vn̄ ſmir ein taueln wol mit honige· vn̄ ſchůte die kirſen dor vf·
vn̄ ſetzze die taueln vf holtze an den luft biz daz ez truckē ſi· hōt der

des luftz niht ſo ſetze in einē kůln hof· vn̄ mache daz wůrfeleht vn̄ ſni-
dez vn̄ beſtrauwez mit wůrtzen· vn̄ iz als ein latwergen·

61. Der wölle machen ein gůt geſotē ris· der erleſe ez ſchöne vn̄ wa-
ſche ez ſchöne vn̄ legez in einen hafen vn̄ ſaltz ez niht ze vil· vn̄ ſie-
dez biz ez trucken werde· vn̄ menge ez mit einʲ mandelmilich· vn̄ růrz ein
wenic biz daz ez aber ſiede vntz im ſine dicke kumme· vn̄ gebz mit eime
5 zucker dar· daz iſt auch gůt·

62. ein můs vō riſe·

Der wölle machen ein rys můs· der nem aber geſtözzen mandel milich· vn̄
menge ez mit riſ mele· vn̄ ſiedez wol vn̄ nim einen apfel vn̄ ſnit den wůr-
feleht· vn̄ röſt den in eime ſmaltze vn̄ ſtrauwe daz vf daz můs· vn̄ gibz
5 hin·

63. Einē blamēſir

Der wölle machen einen blamēſer· der neme dicke mandelmilch· vn̄ hůner
brůſte geceyſet· vn̄ tů daz in die mandelmilch· vn̄ růre daz mit ris mele·
vn̄ ſmaltz genůc· vn̄ zuckers tů genůc dar zů· daz iſt ein blamenſer

64. Einē blamenſir·

Ein blamenſer gemaht von geceyſten hůnern an der brůſt· vn̄ mache eine gů-
te mandelmilch· abe gerůrt hůner dinne in der mādelmilich mit ris mele
getzworn fial blůmen· vn̄ ſmaltz gib gnůc dar zů vn̄ ſůdez gar· vn̄ zuckers
5 gnůc dar zů daz heizt auch ein blamenſer·

65. Wilt du machen ein nůzzemůs·

Wilt du machen ein nůzzemůs· ſo nim nůzze kern· vn̄ ſtöz die cleine· vn̄
ſlahe ſie durch ein tůch mit eyner ſůzzen zamen milich· vn̄ mit einer
bröſmen ſemeln bröres wol geſoten in eyme hafen vn̄ gibe ſmaltz gnůc dran·

5 vn̄ mit eyer totern wol abe gerůrt· vn̄ wol geverwet mit ſaffran

66. Ein wiſſel můs·

Der denne wȯlle machen ein kirſen můs· der breche die ſtile abe· vn̄ ſiede
ſie mit ein wenic wins· vn̄ ſlahe ſie denne durch ein tůch mit einer ſemel-
broſmen· wol der wellet in eime hafen vn̄ tů ſmaltzes genůc dran· vn̄ růr
5 ez denne mit eyerſtotern· vn̄ ſtrauwe wůrtze dor vf ſo manz an rihten wil·

67. Ein gůt gebackenz·

Rib keſe menge den mit eyern vn̄ ſcharbe geſoten ſpec dar zů mache ein
ſchȯnen derben teyc vn̄ fůlle den keſe vn̄ die eyer dor in vn̄ mache krepfe-
lin vn̄ backe ſie in butern oder in ſmaltze noch der zit vn̄ gib ſie warm
5 hin

68. Ein gůt fůlle·

Der ein gůte kȯcherye machen wil der hacke peterſylien vn̄ ſalbey glich
vil vn̄ brate ſie in butern vn̄ tůftele eyer weich vn̄ menge daz zů ſammene
vn̄ ribe keſe vn̄ brot dor in· vn̄ mache ein blat von eyern vn̄ gůz butern
5 dor vnder vn̄ ſchůte diz dar vf gib im fiůr oben vf vn̄ laz backen diz
ſint ruzzige kůchin·

69. Einē krapfē·

So du wilt einen vaſten krapfen machen· ſo nim nůzze· vn̄ ſtȯz ſie in
einem mȯrſer· vn̄ nim epfele als vil vn̄ ſnide ſie drin wůrfeleht· vn̄ men-
ge ſie mit wůrtzen welherley ſie ſin vn̄ fůlle daz in die krapfen· vn̄ le-
5 ge ſie in ein pfannē· vn̄ la ſie backen·

70. Von krapfen·

So du denne wilt einen vaſten krapfen machen ſo nim weliſche winber· vn̄

nim als vil epfele dorunder· vn̄ ſtōz ſie cleine· vn̄ tū wūrtze dor zū vn̄
fūllez in die krapfen· vn̄ laz ez backen· daz iſt aber ein gūt fūlle vn̄
5 verſaltz niht·

71. Einē krapfen·

So du aber wilt einen vaſten krapfen machen von nūzzen mit ganzen kern·
vn̄ nim als vil epfele dor vnder vn̄ ſnide ſie wūrfeleht als dʲ kern iſt
vn̄ rōſt ſie wol mit ein wenig honiges· vn̄ mengez mit wūrtzē vn̄ tū ez vf
5 die bleter die do gemaht ſin zū krapfen· vn̄ loz ez backē vn̄ verſaltz
niht·

72. ein kūchen·

So du wilt mandelkūchin machen· ſo mache von mandelkerne gūte milch· vn̄
ſūt die vn̄ rūre die abe mit eime zuckere vn̄ ſchūt daz vf ein tūch· vn̄
ein ſchaub drunder· vn̄ mache ein teyc vō ſemel melwe· vn̄ wille daz mit
5 eyner wellen vn̄ leg des geſoten mandels dor vf vn̄ ſnit daz abe vn̄ backez
in eyner pfannen im ſmaltze daz heizzet ein mandelkūchin·

B.

DRUCK

NÜRNBERG UM A. 1490

1. Item wiltu gutte ſuppen machen. ſo nym die dūrrē ruben brw vn̄ leū-
ter ſie ſchon mit abſeigē oder durch ein tuch in ein pfanne. vn̄ wenig
honigs darein. mach es ab mit gutten wurtzen vnd ſaltz verſuch es wol vn̄
geūß den vber Du magſt ein erbeyß brw da mit beſſern vn̄ zu allē andern̄
5 ſuppen vō gebeetē brot vnd ingwer darauf gethan. wiltu erberen lewten
ſolch ſuppen geben an faſtagen ſo ſee zucker darauf vnd heiſſe viſch dar
bey alſo trucken.

2. wiltu machē gut grūn ſalſſē vō kreuter ſo klaub pfefferkraut. dey-
mentē. mangolt. ampffer. ſtreiff die ſtil darauß vnnd warn dich eines
verglaſtē hafen mit einer deck Nym weiß brot das weich in weī odʲ ī eſ-
ſig gar woll reib leckūchē vn̄ ſtos dy kreuter vn̄ das alles miteinandʲ
5 gar wol treib es durch ein tūch mit eſſig. vn̄ wein darin dz brot iſt ge-
weicht mach es ab mit wurtzen vnd verſuch die ſalſſen vn̄ behalt ſie in
den gleſen hafen vber iar.

3. Knoblauch ſals darff wenig brotz gebeūtelt broſem geweicht in eſ-
ſig vn̄ mit mager fleyſchbrw gar wol geſtoſſen abgemacht mit ſaltz. vn̄
ein wenig eſſigs die ſalſe behalt in einē kutterolff wol verſchobē ſo
beleibt ſie bey yrer kraft.

4. Wiltu die gell haben. ſo thu ſaffran in eſſig vn̄ baiß in darin thu
die ſalſſen in ein pfenlein vber dz feūr. vn̄ laß erhytzen vn̄ mach ſie
dan mit wurtz vnd ſaltz ab. Alſo thu einer yeden ſalſſen ſo du ſie wilt
anrichtē vn̄ fūrtragen

5. Wiltu machen ein gutte ſalſſen von aſchloch. weych brot in wein vn̄
ſtoß den aſchloch in dem ſelbē brot vn̄ weī vnd ſaltz. treib in durch. vn̄
mach in ab mit ingwer. die ſalſſe iſt gut zu rindern̄ bratē oder wiltprat.

6. Senff mach alſo Mal ſenff mit wurtz der ſūß ſey vn̄ wen er wol ge-
malen iſt. ſo thu in yn ein pfannē vn̄ gib im einen wal ob einem feūr. rūr

in wol mit wenig ſaltz vnd behalt in vn̄ mer in mit andern wurtzē geſot-
ten vermach in gar wol. wiltu den zu eſſen machn̄. ſo ſeūd ein gutn̄ ho-
nigwein vn̄ tempir den damit. ſalß in vnd wurtz in kaum zu brūffen ſo iſt
er gut.

7. Item weichſelſalſſen mach alſo Stoß ſie in einē morſſer mit kern̄
vnd all. reib leckuchen darunt⁻ʲ. treib es durch ei tuch mit gutē wein.
ſchut es in einē vglaſten hafen vn̄ ſtos negeleī vn̄ allerley ſtarcke
wurtz vn̄ ein wenig ſaltz thu darein. erwell es bey dem feūr vn̄ thū es
den auß in ein feucht beck vn̄ laß wol geſtē vn̄ mach kuchleī darauß od⁻ʲ
latwergē

8. Item von anderm fleiſch dz man ſtoſſen muß als altē krancke men-
ſchē die der zen vnd kewens nicht vermogen. Nym kalbfleiſch od⁻ʲ wiltprat
od⁻ʲ ander fleiſch das do bretig ſey als do man knopflein auß mach ſolch
fleiſch dz neūlich geſchlagē wer friſch vn̄ ſchon. ſeūd es on ſaltz ſchaum
es vn̄ ſeyg die brw lauter ab vnd ſchon die behalt. ſtoß in einē morſſer
gar woll mit eī wenig ſemelbrot dz ſtreich durch ein tuch mit d⁻ʲ brw vor
behalten vermiſch die mit wein vn̄ eſſig. doch zu brūffen. Wiltu das dick
haben ſo klopf ayer totter mit der ſelbigen durch getriben brw. wiltu es
dūne ſo laß on ayer beleiben aber mit wurtzē vnd ſaltz vnd darauff laut-
ter milchſchmaltz vnd gib es dar. wiltu es dan dūn dar geben. ſo mach ge-
beetz brot vnd gib es dūn fūr ein ſuppen ſo iſt es gerecht vnd gut.

9. Item ein gepreſten ſchweins kopf mach alſo. Nym ein ſaubern keſſel.
ſeūd den kopf darin das die bain dar auß vallē od⁻ʲ loß werdē. den ſauber
ſchon. zeūg die bain dar auß ſchneid die ſchwart da von. hack dz ander.
nym die orwāg vn̄ die zung. ſtoß wol in einē morſſer mit ein wenig brw dz
mach ab mit wurtzē vn̄ geribē leckuchē als vil du bedarfeſt Nym die
ſchwart vn̄ leg ſie auf ein feūch pfeffertuch thu das gehęck in morſſer zu
dem gemecht der zungen temperir es dick vnd nit zu dūnne ſchlachß auf
die ſchwarten. magſtu klein weinber habē od⁻ʲ groſſe weinber der welſchen
die thu in das gemecht vnd richt es mit den hendē zu vmb vn̄ vmb auf dem
tuch ſchlach das tuch zu wol eben. verhefft es mit einem faden vnd leg
das alles in ein pres zwiſchenn zwey bretter die breit genug ſein. Haſtu

die preß nit ſo beſchwer es mit ſteinen genug vnd laß trucken oder in der
preſſe ſten tag vnd nacht biß es wol trucken wirt. So bereit ye zu einem
pfeffer ſtucken herab geſchnitten als vil du wilt.

10. Wiltu den von dem gepreſten ſchwein kopf gebrattens machē. So
ſchneid zentring einer ſpan oder zwu lang ſpick das mit einer nadel vmb
vnd vmb kleine ſimbele ſpecklein mach ein ſchmalen hůltzen ſpyß. ſtoß an
leg in zu dem feůr des erſten wend in ſitlich von dem feůr vn̄ den ye ne-
5 her biß er durch hitzt ſo hat er ſein genug vnd verſaltz in nicht wen er
von dē gemecht geſaltzē iſt. haſtu nit ſpeck ſo begeůß in ye leicht mit
einē heiſſen ſchmaltz odᐟ mit einer heiſſen fleiſchbrw. Alſo thut man
rechprattē lenbrattē odᐟ was man von wiltprat oder von geflůgel bratten
wil

11. Itē ein holbratē mach von kalbfleyſch alſo. hack das klein vnd
gar wol thu es in ein morſſer ſchlach ayer darein eitel gut toter vn̄ ein
wenig ſchō melb wurtz es in dem morſſer ab mit ſaltz ſtoß vntter ein andᐟ
behalt dz weiß vn̄ klopff es auf halb den mach ein breitlichē genß ſpiß
5 den bick rauch. vn̄ nym dz fleyſch auß dē morſſer beſtreich den ſpiß mit
dem ayer klar vnd netz die hende darinnē vnd kleib dz fleyſch vmb vn̄ vmb
an dem ſpiß gar wol lēglicht in einer dick vnnd gar eben durck es wol zu
mit naſſen henden als lang der brat iſt. Leg in zum feůer. Des erſten
klein kolen vnnd Sytliche wende in von dem feuer. Vnnd darnach ye lenger
10 roſcher kolen begeůß in mit eim zerlaſſenn altten ſpecklein odᐟ milch-
ſchmaltz. Du magſt auch dᐟ ſpeck ſchnitzlein odᐟ gehack vor darein thun
oder milchſchmaltz ſo feůcht es herwider vnd bret vill ſchon. odᐟ on
vntterlaß wend es vm̄ vn̄ feyer ſein nicht ſo wirt es roſch ſchneid lāg
ſchnitz dareī ſee ingwerſtaub darein. ſtich mit einē holtz darein nym
15 ein fleißbrw die gilb ſchon. thu ſchmaltz daran vn̄ hitz in. in einer
pfan̄ begeůß den braten da mit ſo beleibt er lindt.

12. Item wil mā ein fůl in einē bratē odᐟ in geflůgel machen. Seud ij.
herte ayer vnd hack ein peterling gar wol dar untter vn̄ ein wenig wel-
ſcher weinper auch gebrattē opffel oder gebratē birn̄. knyt es durch ein
ander mit einē rohē ay thu wurtz darein vn̄ wenig ſaffran ein klein ſaltz

5 vn̄ fül ein So du die brattē mit einē finger oder mit einē holtz odᵈ mit
einē meſſer wol durch griffen haſt vnd ein gefült ſo beſorg die mit zwe-
ckē odᵈ verheft die fül mit faden dz ſie nit auß gee du magſt auch ein
gehackt ſpecklein odᵈ thu milchſchmaltz in die fül ob du wilt.

13. Item dᵈ ein gut eſſen von hūnern machen wil dᵈ thu alſo Weñ dy
recht vn̄ wol geſottē ſein. ſo zu leg ſie in vier teil. Nim dz bretig vn̄
hack es vn̄ ſtoß wol in einē morßer alſo. Nym haupt. kragē vn̄ alles inge-
reūſch dz hack vn̄ ſtoß do mit. Nim ayer peterling vn̄ zwir ein loffel vol
5 weiß melbß dz ſchūt dar an mit waſſer odᵈ mit wein gegilbt mit ſaffran.
So das alles wol geſtoſſen iſt ſo thu es auß. vnd nym die andᵈ glyder dᵈ
hūner vn̄ beſchlach ſie mit geſtoſſen deig vmb vnd vmb yedes ſtück geleich
als kuchē. netz die hendt in wein ſtreichs wol zu vmb vn̄ vmb legs in die
alten hūnerbru in einē weitten hafen dz auch die ſelbig bru dar vber gee.
10 vn̄ laß es auch alſo ſiedē. auch weiß dz die alten feyſten hūner gut dar
zu ſein. So es nun geſotten iſt. ſo mach die brw mit ſaffran ab mit wurt-
zen vn̄ ſaltz ſtrew peterling dar vber klein gehackt vn̄ richt es an. Wiltu
das beſſer habē ſo nym feigen vn̄ weinperlein in dz geheck kaum zu prüffen
vnd wie klein die glidᵈ ſein ſol man doch yedes beſunder vmb ſchlahen vnd
15 ein legen. Ein ſolch geheck on mel mocht man zu guttē hūner füllen machen.

14. Wiltu machē hūnner fül ſo laß die leberlein vnd meglein vor wol
ſiedē vnd hack ſie klein in dy fül da muſtu eſſig vnd rautten zu haben
vnd pfeffer iſt ir wurtz der ſie gern yſſet das gehort groben leüttenn zu.

15. Item wiltu ein gut hun ſieden oder braten oder füllen ſo bereit
das hun gar ſchon vnd weiden es. vnd ſchürf die derm vn̄ nym kopf. kragen.
leber. magen. vn̄ alles ingeweid vnd ſeud es in einē hafen oder in einer
pfannen an die ſtatt dz hack gar wol mit peterling ſchlach rohe ayer dar-
5 ein vn̄ wurtz es ab vnnd ſaltz es. hack ein altas ſpecklein darunter vnd
klein weinber oder gebraten birn das knid gar wol vnter ein ander das iſt
alſo dy fül. Iſt den nun bereit dz hun entbloß es wol vmb vn̄ vmb. vn̄ fül
es ſchon mit einer ſeyt farb ſtrick es zu vn̄ erwel es in waſſer da wein
vn̄ eſſig inne ſey das es er ſtar vnnd die füll erkeck. ſtoß ann las brat-
10 ten ſitlich vnd begeüß es ye an dem wendn̄ dz iſt gut. So du nun das hun

wilt ſieden. ſo bedarf man das ingereüſch nit ſieden hack es vngeſottē
vn̄ bereit die füll da mit alß vor vn ſeūd einß mit dem andern̄ in eytel
waſſer vnd ſaltz zimlich der hafen ſol weit ſein das es nit an brin. faym
es ſchon vn̄ bedeck es wol vnd geūß lutzel dar an ſo beleibt die brw wol
15 geſchmackē. So du es wilt an richtē. ſo magſtu es mit wurtz vnd ſaffran ab
machen vnd verſuch es woll.

16. Item wiltu machen geſtoßne hūner. ſo ſeūd dy alten feiſten hūnner
wol. faym die brw vn̄ mach ſy lauter als ein brw von einē waſſer vn̄ geūß
nicht mer daran. ſaltz es. verſeūd es nicht. thu dy hūner auß vn̄ behalt
die brw. ſeig das faiſt ab in einē andᴊn hafen vn̄ die mager brw aber in
5 ein andern̄ die las alſo ſtēn. Den würf die hūner auf die bāck zeūch die
groſſen bein auß vn̄ hack ſie dan gar klein. weich ein weiß broſembrotz
in dᴊ magern̄ brw gar wol vn̄ nym dā dz brot vnd die hūnner vn̄ ſtoß gar wol
in einē morſſer zwing es durch ein pfeffertuch mit dᴊ alten hūnerbrw ſtos
es andᴊ weit vnd zwing es aber durch. Iſt es zu dūnne ſo thu mer weißbrot
10 dar ein vn̄ zwing es durch. iſt es zu dick ſo zwing es on brot durch thu
es in ein pfannē erwel es vnnd mach es ab mit wurtzen vnd mit ſaltz. Alß
es nun durch iſt gangē das ſein vnd heiſſen geſtoſſen hūnner. thu darauf
ein lautter ſchmaltz vor behaltē. Alſo merck allerley vogel geſtoſſen al-
ſo gemacht vnd mit ſeid farb ab geſotten.

17. Item ein wachtelbrey mach alſo. Seud die wachteln ſchon bereit ſie
in einer fleiſchbrw thu ſie auß in einenn morſſer. reib leckuchen darunt-
ter ſtoß vil wol mit weiſſem brot vn̄ reib gutten keß darunter. treib es
durch mit dᴊ wachtelbrwe vnd wein. thu es in ein pfannen erwel es vn̄ mach
5 es ab mit wurtz vnnd ſaltz. ſtrew ingwer an der anricht dar auff vnd gib
es für.

18. Item wiltu gut hirſchē lumel bratē machē. Nym dy nirn vn̄ ſchlachs
praitlat weſch ſauber nim dē ſchweiß reib leckuchē darein treib es durch
ein tuch. thu es in ein hafen thu wein vnd eſſig darein. Wil der ſchweiß
nit gern̄ durch gen geūß wein darein odᴊ fleiſchbrw vn̄ reib den leckuchen
5 vn̄ ſchweiß durch laß ſtēn vn̄ ſchneid die nyrē vn̄ dz fleiſch würflet. thu
es darein vn̄ las ſieden vnd meng es mit ſaltz vnd ſchwartzen wurtzen ab.

19. Item ein Rechmuß mach alſo. Nym dy bain auß dē fleiſch vnd die
ſchulterbraten auß dem rucken wo es murb ſey waſch es auß warmē wein den
thu in den ſchweiß vn̄ geribē leckuchē ſtreichs durch ein tuch. auch
ſchneid dz fleiſch als wůrflet vnd thu es in den durchgang in einē hafen
5 vn̄ wen es ſchier geſeud ſo mach es ab mit guttē wurtzē od᷎ reib mer lec-
kuchē darein vnd ein ſaltz. verſuch es vnd mach es mit ſchwartzen wurtzen
ab.

20. Item wiltu machen kůchlein von wylprat oder vō anderem fleiſch hu-
ner oder vogel dy bereit ſchon vnd ſeud es vor gar recht vnd thu es auß
vnd hack auch dz gar klein bereit es ab mit wurtzen vnd ſaltz. ſtoß in
einem morſſer vn̄ ſchlach ayer darein nit zu dů̄n das es ſich las zu kuchē
5 machen vnd bach es praun Das mag man auß einem pfefferlein eſſen. oder
ſunſt fůr gebratens.

21. Item ein rechmus mach alſo. Behalt den ſchweiß. von dem rech. ſeud
dz ingereů̄ſch vnd die bret hack es klein netze ein brot in der brw.
ſtreichs durch mit d᷎ brw vn̄ dem ſchweiß. thu es in ein pfannen vber das
feů̄er las erwallen vnd mach es ab mit wurtzen vnd ſaltz. Haſtu dan rechern̄
5 geſotten fleiſch oder ander wilprat geſottē od᷎ gebraten das magſtu tru-
cken darein legen vn̄ das gemů̄ß darauß ſchů̄tten vnd an der anricht mit ing-
wer beſtrewen vnd auch ein lautter ſchmaltz dar auf gethan̄.

22. Wiltu krapffen bachē von vber beliben hů̄nern oder wiltbret. gebra-
tē od᷎ geſottē ſo es nů̄r nit ſchmeckt das hack klein vnd ſchlach ayer in
ein ſchů̄ſſel vn̄ gehacktē peterling wůrf dz geheck darein wurtz vn̄ ſaltz
es ab temperir es gar wol dz es nit zu dů̄n ſey mit geſottē honig wein vn̄
5 leckuchen darein geriben ſo hellt es ſich bey einand᷎ vn̄ lat ſich ein
fullen. die krapffen ſein ſchier gebachē dz ſichſtu an d᷎ brů̄en wol ſo
thu ſie auß nimpſt. ſo merck auch dz man alle krapffen mit zucker mag be-
ſeen ſo man die erberē leůttē fůr treit ſo iſt ſeltē ein krapf ſo man
ein wenig welſcher weinber dar ein hackt on peterling vnd on kraut ſie
10 werden deſter beſſer Alſo haſtu den teigk vnd krapffen fů̄l. ob du die
maß recht kanſt treffen ſo biſtu ein gutter koch.

23. Itē baſtetē zu machē nach welſchē ſitten. Nym gut weytzē melb dz
knit mit kaltē waſſer den brich vnter dē hedē dz er ſich laß welgē den
leg in einē morſer vn̄ ſtoß in gar wol dz er hert werd vn̄ wūrff ye ein
ſteūblein melbs dar zu vn̄ wen dz melb vzert wirt ſo thu in auß vn̄ mach
5 ein hafen darauß in ein altē hafen ſcherbe odᷓ in einē v̄gleſten ſcherbē
dz teig vn̄ hafen ein weite habē. Der teig eingeſetzt dē ſcherben eben
gleich mit einē warmē milchſchmaltz zwiſchē dē ſcherbē vn̄ dē teighafen.
Nun gehort ein fūl darein von ayren. hūnerbrw. milch odᷓ wein gar wol
geklopfft durch ein andᷓ mit guttē wurtzē abgemacht auch mit ſaltz vn̄
10 gehackten peterling. dz thu alles in den ſelbigē teighafen. Vn̄ ſtoß auch
gebratē odᷓ zu geruſt walt vogel darein. Odᷓ gebratten hūnner odᷓ geſot-
tē. Item die ſelbigē hūner vn̄ auch gebratē zu leg ſchon alſo. von gelidē
zu gelidē gantz vn̄ gerecht vnd ſtoß die auff gericht darein odᷓ von ge-
bratē fleyſch oder gebraten birn̄ oder dūr wūrſt gebratē odᷓ geſottē.
15 des geleichn̄ was du haſt. vnd wen der anſtoß geſchicht ſo ſetz den ſcher-
ben zu einer roſchen gludt on rauch. des erſten fewr herdan vnd ye baß
vnd baß hin zu ſo begint die fūll weiß ſein vnd der teighafen riechen.
ſo geūß ye leieht zu dem teighafn̄ warms milchſchmaltz dz der teig nit an
den ſcherben brin̄. vnd wen die fūl wirt bachen ſo reib den ſcherben offt
20 vmb das er geleich hitz hab vn̄ geuß yeleicht ein halbē loffel vol ſchmaltz
an die fūl dz die ful die feuchtē hab wol zu maſſen mach ein ſauber hult-
zen ſpißlein den ſtos yeleicht in hafen biß an den boden das dz heiß
ſchmaltz zu grundt gee ſo wirt es bratzlen vn̄ ſieden biß die fūlle hert
werde ſo iſt ſein genug. So ſetz es von dem feūr vnd las das ſchmaltz
25 ein ſincken heb den den teighafen auß dem ſcherben in ein weitte ſchuſ-
ſel vnd bedeck in mit einer ſaubern̄ ſchuſſeln trag in alſo zu tiſch einē
konig oder einē fūrſtē Ich geſchweig dem gemeinen man vnd armer leūt die
auch gern̄ darauß eſſen mocht in ein dych werden. Auch merck wen man den
ſcherben zu dem feūr ſetzt ſo bedeck in mit einer warmen pfannen die ſo
30 weit ſey das ſie den ſcherben vnd teighafen woll begrif. Haſtu der nit
ſo mach ein blat von dem teig da der haffen auß gemachet iſt vnd deck
das blat daruber odᷓ zwick es auf ein bret das da nit zu fal vn̄ lug dar
zu wie ſich die fūl ſetz vn̄ dz der teighafen nit bryn̄.

24. Itē die kalbs lungē hackt mā klein vn̄ ſchon. dz miltz vnd dz herz.
hut nur dᷓ gallen. vnd wie man die knopflein macht alſo mach dz auch wol
beſcheidne kūchlein mit ſaltz vnd auch mit gutten wurtzen vnd all gar

ſchon geſottē. vn̄ auch gar trucken ein gelegt zu al anderm fleyſch es
5 ſey hūnner kelberen odʲ wiltprat. es ſey von voglen oder von andrē zimli-
chen fleiſch ſtucken ſo fūgen ſich die lungen kūchleinn wol dar zu.

25. Die anderñ kuchlein von dʲ lungē die mach alſo. das hertz vnd
miltz wol gehackt vnd mit herten ayren wol geſtoſſen in einem morſſer vn̄
geribē leckuchē darunter ein wenig ſaltz ſo ſein ſie genug gemacht. den
knit mit rohē ayren vn̄ mach kugeleī darauß die ſeud als hūner vn̄ leg ſie
5 in die leberſultz vmb vnd vmb zu anderm fleyſch ein groß prentē vol vnd
behalt die in einem keler vor katzen.

26. Item wiltu ein leberſultz gelb habē So muß man der durch getriben
brw gilben wen die brw durch das pfeffer tuch getriben wirt ee das man
es vber gūſt vnd wie man die brw vber gūſt ſo beſtet es alſo dz man im
nicht anders kan thun vn̄ muß alſo beleiben.

27. Item kūchlein von viſchē zu machen welcherley geſchlecht das ſey.
bereit ſie ſchon. fach den ſchweiß auff vn̄ loeß gret ab behalt dz haupt
vn̄ ſchwantz vn̄ dz ingeweid wūrff die gal auß. So nym den die viſch vn̄
hack ſie klein vngeſottē alſo rohe. ſtos wol in einē morſſer thu mel wein-
5 ber vnd gut wurtz ſaltz vnd ſchmaltz dar vntter. das bach wol vn̄ mach das
in ein ziſeūnlein mit geribē leckuchē ſo iſt es bereit. Das ander von den
viſchen. haupt grot vn̄ ingereūſch. dar auß mach ein vor eſſen ſchon ge-
ſotten in wein vn̄ abgemacht als ander viſch gegilbet vnd gewūrtzt. ver-
ſuch es an dem ſaltz. vnd trag es fur. dz ſein zwey eſſen gar hoflich von
10 viſchen gegeben.

28. Item wiltu machen dreyerley eſſen von einē viſch dz doch der viſch
noch geduncke̅ gantz pleib. Schlach einen hecht oder ſunſt ein andern
viſch ſchon bereit in drey odʲ in vier teyl. Das erſt teyl leg auf einē
roſt vn̄ brat das. Dz ander teyl ſeūd mit wein ab vn̄ wurtz. Das drit ge-
5 ſultzt. Das vierd der ſchwantz gebachē vnd der viſch ſol zuſamen gelegt
werden yedes ſtūck nach ein ander alß er gantz ſey. Das haupt zu dem er-
ſten. darnach das mittel ſtūck. Darnach dē ſchwantz gerad an ein ander

vnd mit gehacktem peterling wol beſtreūt vn̄ dar geſetzt. Dar bey ſoll ge-
ſetzt werden gut ſalſſen odᐟ eſſig in vil kleine ſchūſſellein ſo yſſet
10 ein gaſt anders dan der ander vnd iſt ſeltzam.

29. Item geſultzt viſch bereit alſo im Sumer ſo ſye doch nit gern̄ ge-
ſteen. wen du die viſch bereitteſt. ſo behalt dē ſchweiß vn̄ die ſchūppē.
vn̄ grat. thu es in einē hafen. vn̄ ſeud es mit wein. ſchaum es ſchon vnd
ſchūt es in einē morſſer ſtoß es wol vnd ſtreich es durch ein tuch mit
5 ſeiner eygenē brū dar in es geſottē iſt. ein lorperplat dar inne geſtoſ-
ſen vn̄ durch getribē ſo geſtet es. leg die viſch eī als vil du ſchuſſeln
wilt ſo ſie ſchon geſottē ſein. Nyn dan die viſch bru thu die ſchūppen-
bru dar vntter mit wurtzē vn̄ allen dingn̄ verſuch was da gebricht eſſig
ſaltz odᐟ gewūrtz im geſchmack las es in einer pfannen erwallē einen wal.
10 vnd ſchūt es dan vber die viſch die las erkalten ym lufft vn̄ ſetze ſie
dan ein. Wiltu mandel odᐟ weinper dar auff ſtrewen dz thu bezeitten ee
ſie halbweg geſtendt ſo beleyben ſie alſo gut vnd rein.

30. Item wiltu viſch behaltē das ſie lang friſch beleiben So leg ſie
in ein feſlein odᐟ in ein erden haffen vn̄ geūß dar auff guttē eſſig vn̄
leg peterling dar an vn̄ begrab dz in ein grub von friſcher erdē. vn̄ wē
du dy viſch vn̄ eſſig auß nimpſt ſo geūß alweg friſchen eſſig wider dar-
5 an. vnd deck das mit gutten decken wider zu ſo bleiben ſie lang zeit
friſch vnd werden nit ſtinckent.

31. Item geſultzt krebß mach alſo gar ein hoflichs deūigs eſſen on
ſchadē. Seūd die krebß mit wein ab vnd ſchell die ſchern helß vn̄ ſchwētz
behalt dz andᐟ wurtz es beſundᐟ. Nū mach die bru alſo. Nym berſig die
klein ſein. Seūde ſie in wein vn̄ eſſig als vil du ir haben wilt odᐟ be-
5 darffeſt ſchūt ſy auß. vn̄ nim die galle auß den kopffen. nym dan die
beuch ſcher vn̄ ſchwantz. ſtoß ſie wol in einē morſſer zutreib ſy mit dᐟ
bru dar ynnē ſie geſottē ſein durch eī tuch. Nym darnach ader friſche
krebs vn̄ nur die geſcheltē ſcher vn̄ auch ſchwentz. thu ſie in die durch
getriben krebß in ein pfanne. erwel ſie ſchon ein kleinen wal mach ſie
10 ab von wurtzē vn̄ ſaltzen verſuch ſie was in geprech vnd laß erkalten

32. Item baſteten von krebſſen mach alſo in einem ſtarcken teig vor
gelegt einem teighafen in einem hafenſcherben mach ein deck darūber vnd
leg ſie darneben ſeūd die krebß on ſaltz ſchel ſie ſchon vnd leg ſie zu-
ſamen vnd hack peterlein gar klein. nym friſch ayer vn̄ klopf ſie gar wol
5 die ſchūt in den teighaffen. ſchneid gut birn̄ lenglet ſchnitz vnd ſtoß
ſie in die fūl. Nym feygen vnd weinper die thu darein vnd ſtos die krebß
ſcher ſchwentz beūch al nach der leng darein nym dan ein guttē wein den
mach ab mit wurtzē. vn̄ ſaltz. verſuch dz. was im gebrech. vn̄ ſchūt es
ein den teighaffen vber die fūl. vermach die deck darūber von dem teig-
10 haffen. vertempffe es wol. ſchlach ein ay. od᷒ zwey beſchlach die rēfft
damit ſo weichē ſie nit. thu ein ſchmaltz zwiſchē dē teig hafen vn̄ ſcher-
bē vn̄ ſetz in in ein backofen. laß ſiedē od᷒ braten. Lug ye darzu gibt
es rauch ſo print es an dz wendt mit dem zu goß des milchſchmaltz ſo ge-
reth es wol.

33. Wiltu machen ein mūſlein von krebſen. Mach es alſo von hofflichē
varbē on ſchadē das ſtet woll zu geſichte. Nym gutte milch vn̄ auch korn-
plumē ſafft dz rūr vn̄ temperir es woll durch ein and᷒. thu auch ſchoes
mel dar zu. vn̄ tempir es noch baß. bereit die krebs gar wol. wūrf nur
5 die gallē auß dem haupt. ſo magſtu ſie ſtoſſen mit wein bereyt od᷒ mit
ſchaln vn̄ all. thu ein weis brot darunter. drucks durch ein tuch. mach
es ab mit wurtzen. vnd mit ſaltz vnd thu es in das mußlein vor gezworē
mit mel vnd mit milch tempir es wol mit einē loffel. iſt es vor nit ab-
gemacht mit wurtzen vnnd ſaltz ſo mach es dan ab. Iſt es zu dicke ſo mer
10 es mit milch zu rechter maß. thu es in ein ſchmaltzig pfan̄. laß es ſie-
den als ein kindt muß. wiltu das warm geben ye mer geſtoßner krebs in
dem mūſleinn ſeinn ye beſſer zu gutter dick vn̄ wenig ſchmaltz darauf ge-
zetelt. vnd ein klein friſch yngwer darauff geſeet vn̄ ſetz es alſo heiß
fūr dz helt gutte dewung. Wiltu dz kalt gebē ſo ſol dz mūßlein mit wein
15 od᷒ eſſig gemacht werden. od᷒ die krebs ſūllen mit wein od᷒ eſſig geſtoſ-
ſen vnd durch getribē werdē. das ſelb mit einē ſteūblein melbs ein mūſ-
lein gemacht vnd abbereit mit wurtz vn̄ ſaltz. darein gelegt die guttē
groſſen krebs ſchwētz vn̄ ſcher allein. wol erkalt dz trag fūr. fūr ein
gebrates. vn̄ fur ein ſeltzams eſſen.

34. Item wer einē Al machen wil der zūch im ab dy haut. vn̄ laß die
haut bey dem haupt. ſchneid in auf. vnd nim dz ingereūſch vn̄ die gallē

auß. ſo hack den peterling ſaluey deymenten vnd merttin odᵉʳ gutte krūter
gar klein. temperir es mit eſſig odᵉʳ guttem wein dz es wol feucht ſey.
nym den yngwer neglein wol geſtoſſen muſcat vn̄ ſaltz vn̄ thu es in dz ge-
heck. fūl den al da mit. vn̄ beſtreich in vmb vnd vmb gar wol. vn̄ zeug in
die haut wider vber biß zu dē ſchwātz leg in auf ein roſt. laß in braten
odᵉʳ mach ſtuck darauß vnd reihe ſie an ein ſpiſlein von holtz gemacht
breitlet. vn̄ wende in bey dē feur vm̄ biß du dar durch greiffeſt ſo hat
er ſeī genug. vnd er bret auch alſo in ſeinem aigen ſchmaltz das man im
ſunſt nichtz darf thun. Richt in an vnd ſetz ſalſſen oder geſtoſſen ing-
wer da mit fūr.

35. Item ein gut gemūß von mandeln vn̄ von viſchen Thu dz ingeweid auß
reinig dz vn̄ hack das wol wart auf die gallen. Nym das bret der viſch
ſeūd es ab an wurtz mit waſſer dz ſeig ab thu die brū hin ſtoß die viſch
gar wol mit mandel milch vnnd mit weiſſem brot geweicht in mandel milch.
Treib es durch mit geſottē weichem reiß. Thu es in ein pfanne vber ein
feuer. Laß es erhitzen. Rur es wol vnd verſaltz ſie nicht. iſt es zu dick
ſo thu mer mandel milch dar zu. Mach es ab mit zucker vnd ſetz es fur.

36. Item ein viſchbraten mach gleicher weiß nahet als den holbraten
vor geſagt. Nym ein hecht bereit in ſchō vn̄ loß im den grat ab vnd mit
wurtzen abgeſotten als er ſeinn ſol. behalt die brw vnd ſtos in in einē
morſſer mit weinbern vnnd mit honig geſotten mit wurtz vnd mit ſaltz. Vnd
ein wenig mell. dz tempir wol mit ein wenig milchſchmaltz vn̄ ſchlag das
vmb ein ſpiß alß den holbratē vn̄ leg in zu dem feur. Nym das haupt den
grat vnd den ſchwantz hack dz zu ſtūcklein mit dem ſchweiß ſeūd es ab mit
wein gar woll vnd reib leckuchen mach es ab mit wurtzen vnd ſaltz oder
mit der viſchbrw. verſuch es wol. Wiltu den hecht vor nit ſieden ſo hack
in gar klein vnd ſtoß in wol in einem morſſer vnd bereit in mit der ſpecie
vor geſeit.

37. Item ein hoflich eſſen von Erbeſſen. Seūd vn̄ belge die erbes ſchon
mit einē waſſer. ſeig die brū ab vn̄ behalt ſie zu gebettē ſuppen ab ge-
macht mit wurtzē kaum zu brūffen vnd gegilbet. Nym dᵉʳ erbeyß in ein ſau-
ber beckē zu treib ſie mit einē groſſen loffel gar woll. nym ir auff ein

5 eſſen vn̄ thu ſie in ein pfeffer pfan ſchlach ſie durch mit der hend in
gut ſchüßeln hab die pfan̄ hoch ſo werden die erbeß gezettelt alß regen
würm ſein groß vnd klein die bewar gantz zu behalten das du ſie nit bre-
cheſt vn̄ eben in die ſchüſſel kumen vnd nit vberhangen das laß geſteen.
vn̄ nym vnd ſeüd eine gutten wein mit honig darüber beſprengt vnd zucker
10 darauff geſeet dz ſchmeckt wol ſo die erbeys nit verſaltzen ſein darumb
verſuch dz am erſten ee du die brü abſeigeſt vn̄ abgilbeſt.

38. Item wiltu kroßayer machē. ſo nym ayer die brich an den ſpitzē
hübſchlich auf. thu wurtz vn̄ ſaltz darein vn̄ rür es mit einē holtzleī gar
wol vnter einandᴊ doch ſo wern̄ zimmetplüet die aller beſtē wurtz darein.
odᴊ wol geſtoſſen zimmet rindē odᴊ muſcatplüet. oder muſcat. ſolch zim-
5 lich wurtz vn̄ ander ſol man nemē zu diſſen airen. vn̄ mach dz lochlein
oben mit ayer klar zu vn̄ ſturtz darunter. Alſo magſtu ſie braten in einē
ſchmaltz odᴊ in heiſſer eſchen dz ſie kein an rüre.

39. Wiltu ein angeſtriches gebachēs machē. Nym ayer vn̄ geribē keß.
mell vn̄ milch mach ein ſtarckē teig den zeüg auff ein bret gar dünne.
ſchneid in als die würmlein halm groß vnd fingers leng ſcheüs das in ein
heys ſchmaltz die back beſunder ſee zucker darauff an der anricht vnd gib
5 es an faſtagen für ein gebratens in flachen zinnen ſchüſſeln.

40. Wer gutte ſtreüblein bachē wil der nem ein hantuoll peterlings den
ſtoß mit waſſer vnnd ein weiß broſem brotz treib es durch ein tuch. Nym
ayer vn̄ mel. mach ein guttes ſtraubē teiglein verſaltz es nit nym den
durch geſchlagē peterling vnd zettel in. in die pfannen nit zu dick vnnd
5 das die pfan nit zu eng ſey.

41. Vō ayer müſſern. Wiltu machē ein gut ayermuß vō ayer totter̄. Nim
gutten wein vn̄ weich ſemelbrot darein. treib es durch. vn̄ thu honig dar-
ein vn̄ thu es in ein kleinen hafen. ſetz auff kolen rür es fürſich dar vn̄
wen es dick wirt ſo heb es ab ſaltz vnd ſchmaltz es.

42. Item ein kůchlein mach von důrren birn̄ odᴶ von großen hutzeln alß
melbirn̄. Eſchenbacherin. waſſerbiren̄ kolbiren oder ſchmaltzbirn̄ wol ge-
dert in einem backoffen vn̄ die behalten vber iar. So man die kochen wil.
ſo muß man ſie ſauber auß warmem waſſer ſchon butzen vn ſtielen vnd tru-
5 cken laſſen. die dienen zu manchem eſſen. Wer ſie in weī ſeůdt. vnd zu
feigen legt in ein ziſeůnlein dy helffen als feigē vnd erſproſſen die
richt. ſchon abgemacht. Wil man kůchlein darauß machen. Schel ſie ſchon.
vnd ſeud ſie woll. ſtoß in einē morſſer mit mel vn̄ mit leckuchē vnd
gilbs. ein wein oder ein milch geůß daran. ſo můſſet es ſich ſchō thu
10 ſie auß. klopff ein friſch ay. vn̄ beſtreich innen die hend vn̄ welger dy
kůchlein wol zuſamē dz cleiber ſei. zeuch ſy auch durch ein gelbs teig-
lein. heb ſie auß mit einē loffel in die pfanēn. vnd back ſie ſchon.
ſeůd wein vnd honig in einē pfenlein damit beſpreng ſie ſchon. dz trag
fůr. wan es iſt ein hoflich dewigs eſſen.

43. Item wiltu machen ein gut muß von kirſchen brich die ſtil ab vn̄
ſtoß in einē morſſer mit kern vn̄ al. Nym feign̄ weinber auf ein eſſen. Nym
weiß brotſchnitten die weich in wein temperir es durch ein andᴶ ſtreich
es durch ein tuch mit anderm wein mach es nit zu dick noch zu důne. thu
5 ein ſteůblein mels darein vn̄ ſchmaltz thu es durch ein pfan zu reib es gar
wol. vnd die weil es ſeůdt als ein andᴶ muß richt es an vnd ſee lautter
ſchmaltz vnd wurtz darauf. trag es dā alſo fůr. Vn̄ alſo magſtu auch ame-
reln. weigſel. eerper můßer machen. vn̄ rotter wein zimpt dar zu baß dan
der weiſſe vnd dz ſteůblein melbs ſol man vor hin wol mit dem wein zwern
10 ee man das ein thut. den růr es gar wol biß es geſeůdt ſo můßet es ſich
gar wol vn̄ ſtet ſchon.

44. Itē wiltu gerennet milch machē. Nym reiß vn̄ ſtoß den klein ſchlach
in durch ein ſiblein. nym geſchelt mandel kern ſtoß ſie woll mach milch.
die beſten ſeyg ab. vnd nym die andern̄ ſetz ſie zum feůr bewar das ſie
nit vberge vnd an brinne. thu das reißmel darein ee dz die milch heiß
5 werdt mach dar auß ein dicks můßlein. Schůt es darnach in ein feůchte
ſchuſſelen las kalten. ſchneid es in ſtuck wecklein ß weiß vnd lege es in
ein andere ſchůſſel. ſo nym dan die dick milch von mandelmilch. geůß die
daruber beſtecke das mit mandel vergult oder geferbt.

45. Item ein blabes muß mach alſo von mandel vnd von reiß. ſtos korn plumē gar wol mit waſſer drucks durch ein tuch das behalt. Stoß mandel mit dem ſelben waſſer. vn̄ zwing es aber durch ſo haſtu ein blabe milch. dauon mach dz muß mit reiß oder ein weitzen mǖſlein. wiltu gerēn ſo ſtrew
5 klein weinber darauf. vn̄ verſaltz nit. vn̄ laß es nit anbrinnen. die mǖßlein ſten gar woll in newen zinnen ſchǖßſeln. oder in weiſſen hǔltzen ſchǖſſelein.

46. Wiltu machen ein ſchwartz gemǖß. ſo nym weinber opffel birn̄. gebratē odᴶ geſotten vn̄ zucker. ein wenig melbs vnd wurtz vnd ſaltz. das zu treib mit guttē wein gar wol Thu es in ein pfan laß den wein ynne ſieden. rǔr es wol verſuch es vnd gib es dar.

47. Holdermuß zu machē. Nym holderblǔt vn̄ brock ſy in ein ſiedenige gǔte milch ein gut teyl laß ſiedē treib es durch ein tuch mach einē herttē teick von ayrē vn̄ wel dar auß dǖne pleter. ſchneid den teigk klein in wǔrmleinß weiß thu in in die ſiedigē milch dz ſie ym̄er ſied. vn̄ rǔr dz wol
5 dz es ſich vermiſch. ſaltz es vn̄ mach es ab mit milchſchmaltz

48. Itē ein opffel muß on zwiffeln mach auch alſo. ſchneid klein ſchnitzlein ein wenig milch odᴶ weins. auch wurtz ſaltz vn̄ ſchmaltz verdeck es wol laß ſiedē bey kleinē feǔr.

49. Itē ein bröbermuß odᴶ ein weigſelmuß mach alſo. ſtoß die bröber odᴶ weigſeln in einē morſſer thu weißbrot dar zu vn̄ ſtreichs durch ein tuch. nym dan mel vnd milch dz zwir gar wol thu es vnter ein andᴶ in ein pfan̄ vber dz feǔr rǔr es wol vn̄ vᴶſaltz nit. dz wirt ein brau muß richt es an
5 vn̄ ſee ingwer dar auff. die pfan ſol ſein ſchmaltzig odᴶ thu ſchmaltz daran das es nit anbrin. iſt es zu dick ſo meer es mit milch.

50. Item wiltu machenn ein hofliche zigeren von mandel ſo nym mandel alß vil du wilt ſtoß den klein vn̄ ſtreich in durch ein tuch mit waſſer vnd mach die milch warm in einē hafen Rǔr ſie gar wol nym ein gelebte brǔ

von viſchē vñ berſig geſottē odᣞ vō kelbern odᣞ ſchaffüſſen geſottē woll
lautter geſtandē abgeſaltzē vñ die mandel milch da mit vermiſcht. laß er-
kaltē vñ geſteen als ein ſultz brich ſie dan auff ein ſchüſſel beſtreüt
mit zucker vnd ſetz es für

51. Item wiltu machen ein keß von mandelmilch. Nym ayer ſchlach ſie in
die mandel milch gar wol getemperiret. ſeüd die wol ſaltz ſie ab wiltu
wurtz dar ein thun. oder wiltu ſie gelb machen dz machſtu thun vñ wen ſie
geſotten iſt vnd von den ayrē hert wirt ſo teüch ſie mit einē loffel wol
zuſamen thu den ein ſeich tuch in ein pfeffer pfan das iſt ein durch
ſchlack das breit woll vber vnd ſchüt die keß dar auf. vñ las dz molckē
gar wol abgen wiltu. ij.iij. odᣞ iiij. ſchüſſel machē odᣞ wie vil du wilt.
richt ſie an vnd beſee ſie mit zucker. vnd gib ſie dar.

52. Item wiltu machen ein gebaches von mandel vnnd von reiß. Stoß den
mandel mit waſſer vnd auch ein dicke milch. vnd ſtoß den reiß trucken
ſchlach in durch ein ſiblein las die milch erwallen. ſee das mel darein
rür es wol vnnd mach ein dickes muß. mach ein dünnes teiglein mitt warmem
wein gilb den woll vnd ſchüt das muß auß auff ein ſchonß bret das feücht
ſey vñ laß kalten dan ſchneid da von als weck vñ auch als vingerlang wie
du wilt zeüch dz durch ein teiglein vnd bach es.

53. Item ein gut gezogen gebachens mach alſo. Nym feigen weinber vnd
erwel ſie in eynē wein. ſtoß in einē morſer. miſch mel vñ wurtz dar zu vñ
mach hübſche küchlein darauß die zeüch durch ein teiglein vnd bach ſie
ſchon das müſlein mach von warmē wein vñ von weiſſem mel vnd gilb es
ſchon. ſo werden die küchlein gelb vnd ſchon die ſol man trucken für tra-
gen das ſteet wol

54. Itē wen du opffel odᣞ birñ welcherley ſie ſeind doch regelſbirñ
ſeind die beſtē vñ winter obß von opffeln dy beſte ſchō geröſt in milch-
ſchmaltz vñ ein weiſprot darein gereit geſotten ayer hert darein gehackt.
geſchlagē mit guttē wein oder milch darauß ein teiglein gemacht zu rechter
maß vnd klein küchlein darauß gemacht geſchoſſen auß der hant in das

ſchmaltz odᵉ mit einē kleinē loffel in ein gut gebachē trucken oder naß in keßbrw odᵉ in pfeffer.

55. Itē nym opffel vn̄ bach ſie braun in ſchmaltz. thu ſie auß leg ſie auff ein banck. wurtz ſie zu maſſen auch zimlich ſaltz. Nym dz erſt gelb blat vn̄ ſtreich die opffel darauf nit zu dick vn̄ zu dūn. den ſo nym dz grūn blat vn̄ leg es auf opffel mach den gelb fūl vō ayer gewūrtz als ge-
5 rūrt ayer. nym dan dz blab blat vn̄ leg es darauf die fūl vn̄ nym dan ein ander farb wie der teig geferbt iſt ein blat leg darūber. So dā die ble-ter vnd fūl bey ein ander iſt ſchon auf ein ander gelegt ſo nym ein friſch ayer klar vn̄ beſtreich ſie vmb vn̄ vmb hefft es woll vnd mach es lenglicht als einē weck. ſchneid es zu ſtūcklein vn̄ ſtoß an einē hultzen
10 zutetigen breittē ſpiß ye. ij. odᵉ iij zuſamen an ein ſpißlein. mach ein dūnnes teiglein von milch vn̄ ayren vergilbs. zeuch die ſpißlein dardurch vn̄ leg ſie wider in ein milchſchmaltz vnd bach ſy braun trag es fūr. vn̄ wen dz auf geſchnittē wirt ſo hat yedes ſein farb das die geſt ſere ver-wundert.

56. Itē wiltu machē ein gut gebaches vō furgetragē. reyß. laß in nit faſt v́ſiedē in waſſer ſeich in ſchon ab laß in truckē an dᵉ ſunē odᵉ in einer ſtubē bey einem ofen. zu ſtoß in wol in einē morſſer ſchut in auß in ein pfannē thu ayer dar vnter vn̄ mach es nit zu dūn ſetz dz ſchmaltz
5 vber das feuer laß hitzē vn̄ ſcheus dē teig durch dy hant darein als ge-brante kuchlein trag es auß vnd wurff zucker darauff.

57. Ein ander gebachens von gefūlten opffeln mach alſo. nym ſaur opffel als vil du wilt ſchels ſchon vn̄ ſchneids ſcheūblet vn̄ hol ſie innē auß beide teyl fleiß dich gebraten opffel odᵉ kūttē. gebratē birn reib ein weiß brot darunter mit zucker vn̄ ſaltz du magſt ſie wurtzen odᵉ nit vn̄
5 fūl die opffell beid teil damit on ayer ſtreich die fūlle in die opffel vn̄ truck diſſe fūl wol darein mach auch ein teiglein von honig vnd wein gegilbt zeūch die opffel dar durch. verheft mit einem zweck oder verbundē mit einē faden. bach ſie in ſchmaltz. richt ſie an. thu den fadē ab odᵉ zeūch den zweck auß vn̄ gibß dar. ſtrew zucker odᵉ honig darauff.

58. Ein gefültz gebaches von faluē mach allſo. Nym dǖr leǖtzbirn̄ vn̄ mach ſie ſchon. ſeǖd ſy weich vn̄ ſtoß ſie in einē morſſer. roſt ſie in honig vn̄ wein woll feǖcht vnd thu wurtz ſaffran daran on ſaltz. beſtreich ein ſaluē blat damitt vn̄ deck ein anders daruber. druck ſie auch ſitlichē
5 zuſamē dz ſie auch bey einand᪄ bleibē mach ein teiglein mit honig vnd wein zeǖch es dar durch vnd bach es. richt ſy dar vn̄ ſtrew zucker darauf vnd ſetz ſie alſo warm fǖr.

59. Ein gebachens von regelbirn̄. ſchel die byrn̄ ſchon wǖrf die kern auß mach ein grǖne fǖl vō ayrē vn̄ peterling od᪄ ſalueyē od᪄ was du grǖner wolſchmeckēder kreǖtern haben wilt. die ſtiel vn̄ ſtengel wǖrf auß vn̄ hack nur dy bleter vil klein ſchlach rohe ayer daran vn̄ rer ein kleins
5 weiß broſem brotz daran vn̄ wurtz es ab. dz treib gar wol durch einander. wiltu es dick od᪄ dǖn. dz acht. Mach ein teig von geſottē honig wein auch nit zu dick vn̄ dǖnne. zutreib den mit einē welgerholtz mach kuchē od᪄ krapffen darauß vn̄ bach es wol. vn̄ in der faſten magſtu welliſch weinber. vn̄ feigen darunter thun als zimlich wer. Du magſt die regelbirn dar ein
10 hacken od᪄ lenglet ſchnitz machē vn̄ ſie darein legen oder ſtrewē in die fǖl wie ſie darein kumē ſo iſt es gut Der aber d᪄ grǖne kreǖter nit nympt vn̄ die rohe ayer mit gebraten opffeln wol verknit mit wurtzē ſaffran vn̄ ſaltz. Alſo eingelegt das veint ſich gar wol in kǖchlein od᪄ in krapffen. Oder ſo man der opffel od᪄ birn nit hat ſo nym wol geribē gutē keß dz ver-
15 einet ſich auch wol mit den ayrē mit einē kleinē ſteǖblein melbs vergilbt vn̄ wol vnter einand᪄ knetē mit ſaltz vnd mit wurtz ob du wilt dz iſt ein gut gebachn̄. Itē zu diſſen obgeſchribē yetzt gelertē gebachē magſtu nemē dǖr hutzeln regel od᪄ leǖtzbirn̄ waſſer birn od᪄ gut bratbirn al ſchon vnd wol gebratē die alſo vntermiſchen.

C.

DRUCK

AUGSBURG A. 1544

1. Schwartz vn̄ Gelben ſüpplin an die viſch zūmachē.

Man ſeudt die viſch am erſten fein ab / im̄ ſaltz / darnach ſo ſeichs ab /
vnd ſeüds an das ſüppel / Nim̄ ain gūten wein / gilb jhn wol mit ſaffran /
gwürtz es ab / darnach mans ſcharpff will haben / nim̄ nãgeln nit / es
machts nur ſchwartz / aber leg darzū muſcat plū / zym̄etr̊rn / Ingwer /
5 muſcat / ain wenig pfeffer ſtüpp / ſeuds alſo alles vnter aynander / Vnd
wan̄ du die viſch abgeſigen haſt / ſo geüß das ſüppel daran / vnd laß ain
wahl in dem ſüppel thūn / ſo fahen die viſch das gwürtz an ſich / Magſt
mit der Schwartzen ſuppen auch alſo thūn / Aber die ſuppen wirt ſcherpf-
10 fer vom ſaltz / als wan̄ du den viſch nit ſieden laßt im̄ ſüppeln.

2. Weichſel Salſſen zūmachen.

Nimb wolzeitig Weichſeln / brocks ab / thūs inn ain ſauberen hafen / ſetz
zū aim fewr / laß ſiedenn / geuß nichts daran / rūrs das nicht am hafen
anbrinn / wanns eerlich prudig werden / ſo treibs durch ein reütterlen /
5 geüß das ſelbig wider inn den hafen / laß ſiedenn / thū ain zucker odᴊ Ho-
nig darein / wirts ſūß / wan̄ ain hafen vol iſt / mūß ſo lang einſieden /
das das viertel einſeüt / mūſts dann in ein krieglen gieſſen / ſchimlet
nicht / gibs dann zum bratten.

3. Von Erbes ſuppen / vnnd ſonſt etlich ſuppen.

LAuter Aerbes ſuppen / ſeüd die Erbes / nim̄ nur die lautteren brū / hack
ain zwiffel gar klain darein / gilbs / ſtüps / thū ain ſchmaltz darein /
Muſcat blū / bãt ſemel / aber Kindtbeterin nimb man nit zwifel / ſonder
5 ain ſchmaltz darinn verſottenn / aber ſo mans dick macht / ſo ſchlecht
mans ayn wenig durch / die Aerbes / r̊ſt ayn wenig zwiffel darein / der
geſchnitten iſt / gilbs / ſtüps / man mags zimlich rūren / ob mans will /
ſeichs.

4. Linſen ſuppen.

Linſen die ſeüd fein gem̃chlich / r̊ſt ein zwiffel darein / ſeirs / ſtüps /
Weinberlen / gibs auff ain bãts brott / vnd für ein nacht eſſen.

5. Schwein köpff.

Wilt du machē ain Schweinkopff / das die flammen darauß faren / So ſeüd
jn gar an die ſtat / darnach leg jn auff ain roſt / biß er braẃn wirt /
dan̄ ſchneid jn würflet das er dannocht gantz bleib / ſåe jn auſſen mit
5 Ingwer vberal / nim̄ ain flache ſchüſſel / vol Brantwein / vn̄ Ingwer dar-
ein / ſchütt jn halben in halß / vnnd tröpflen das ander auſſen darumb /
vn̄ nim̄ ain düns brot / als ain Nuß groß / mach ain klains kügeln darauß /
darein thů ain glůenden kißling / der ainer bohnen groß iſt / Vnnd wann
du es auff den tiſch wilt geben / ſo ſtoß jms in den hals / vn̄ ain rodten
10 apfel darfür / laß alſo fürtragen / So man es angreyffen vnd eſſen will /
ſo zindt er ſich an von dem Brantwein vnd kißling / vnd faren die flam̄en
herauß grůn vnd blaẃ / vnd ſchmeckt gůt luſtig zů eſſen.

6. Schweynen flaiſch friſch vnd new zůbehalten.

So man Saẃ ſchlecht / ſoll man den pachen / So er nun beſchnitten iſt /
inn ain kůls orth auff ain tiſch / auff ſchnee legen / vnd ſåe ſchnee dar-
auff / ain ſpan̄ hoch / laß jn alſo ligen / biß er hårdt vnd kürnig wirt /
5 etwan vber nacht / darnach du daruon geſchnitten haſt / vnd des dückſten
zůſchonen / viereckketen ſchretteln anderthalben ſpann lang geſchnitten /
vnd in ain lårchen kübel / als offt ain leg gleym zamen glegt / vnd wol-
gſaltzen / demnach geſchwert mit einem ſchönen prättlin mit ſtain ligen
laſſen / biß in die erſt wochen / darnach ain brun̄ waſſer inn ainer Mol-
10 ten ſaltz darein / vnnd mit ainem ſchönen neẃen beſem durch ainander ge-
ſchlagen / biß gantz zåch wirt / die ſuppen dran goſſen / das zwen finger
darüber geht / darnach wider allweg abgeſchwert / als offt man mit ainem
meſſer ain zentterling herauß nimpt / das vber lüd ſoll ain handhab ha-
ben / wirt ſonſt milbig.

7. Sawköpff vnd Hammen

Schon eingeſaltzen / vnd ligen laſſen in Mertzen darnach gar ſchon außge-
waſchē bey ainem ſaẃbern bach ſchön außgeſchaben vnd gwaſchen / das ſaltz
allenthalben daruon kom̄ / darnach ſchon auffgehenckt mit ſchnierlin / vnd
5 kramatbeer darüber gemacht vnd geſået / råuchs nit zů faſt / ſo werdens
rößlet vnd wolgeſchmack.

8. Würſt von Kälbermflaiſch.

So nim̄ ain brätigs von aim Diechbratē / kalbflaiſch / ſolts braten vnd nit
ſieden am erſten die Würſt / dz hack gar klain / wie zů knödeln ſchon /
ain faißte von ainem kalb hack darzů / vnnd hack muſcatplů auch darundter
/ pfefferkernlin / ſaltz / Nimb dann des Kalbs netz / ſo gehts auß ainander
/ Nim̄ dan̄ das gehackt brät / vnnd legs fein lang auff das netz / aber
ſchneids ab / das fein ſinwel werd / wie ain Wurſt / winds vmb vnnd vmb
mit ainem faden / vnnd beügs wie ain Wurſt / Iſts ain groß netz / ſo magſt
du drey Würſt darein machen / Nims dan̄ in ain pfañen / vnd muſt ayer vnd
milchrawm in das gehackt flayſch nemen / vnd in das netz thůn / wie oben
ſtehet / vber bräns nit zů lang / Darnach brats ain weyl / wann das netz
ſich ſelbſt beügt / So es nun braten iſt / ſo leg den faden ab / gibs auff
Růben / ſchneids zů ſcheybling / legs vmb vnnd vmb auff ain ſchüſſel /
auſſen vmbher.

9. Kölbernfleiſch einzůmachen.

So nimb auch das dick brätle von eim kalb / odᵉ von aim jungen ſchaff /
vnd ſchneid düne blätle mit ainem meſſer herab / eines fingers lang / zwai
bret / vnd zerſchlags mit dem meſſer ruck / Nimb dann ain zimlichs ſchmaltz
in die pfann / laß haiß werden / ſchüt das beckt fleiſch darein / laß lang
im ſchmaltz röſten / ſo es ain gůtte weil geröſt hat / ſo geuß ain trunck
eſſig darein / vnd ein fleiſch ſüpplen / Iſt die fleiſch ſuppen geſaltzen /
ſo thů ein wenig inn die pfann / ſaltz es wirt ſonſt gar leicht verſaltzen
/ ee du daran geüſt / ſo nimb wol ain Nägelſtüp / ſo wirts ſchwartz / laß
alſo lang ſieden biß lind wirdt / es gewint ain feins dicks ſüpplen / gib
es alſo auff ainer blaten für / iſt gůt.

10. Schäffen Schultern inn aim gůten ſüpplen.

So nimb die ſchulter von ainem ſchäffen viertel vnd ſeüds gantz / wie
ſonſt ein flaiſch / ſo es geſotē iſt / ſo legs auß das kalt werd / Nimb
dann Petroſil kraudt / ſchneid es klain / ſtoß inn aim Mörſſer / geuß ein
eſſig daran / laß ſteen ain halbe ſtund / oder ain ſtund / dan̄ truck den
ſelben Petroſil auß durch ain ſchöns tůchlen / vnd thůe jn in das trucken
ſipplen / Ingber ſtüp / Pfeffer ſtüp / geüß dan̄ auff die obgeſchriben
ſchultern / gibs kalt für ain eſſen.

11. Ain angelegts Hůn zůmachen.

So nimb ain Henn oder Kapon / ſey alt odder jung / zerleg jn / leß das
brāt vonn den bainlen / roch / hacks gar klain / ſchlag ain rochs ay dar-
an / růrs mit eim lȫffel ab haſt Weinberlen / thůs darein / ſtüps mit
5 gůttem lindē gewirtz / gilbs vnd beſchlags / ain jedes glidlin der Heṉ /
mit dē gehackten / vnnd legs alſo inn ain Heṉ oder fleiſch ſuppen / laß
ſieden / biß ſein genůg iſt / Solliches eſſen iſt gůtt den Kindbeterin /
oder Aderlaſſern / gar gůtt. Item man mag zu zeiten wol ain Kalb fleiſch
vnnder hacken / wirdt lind daruon / ein faiſte mů̄ſt auch vnderhackē / Man
10 nim̄t gar ain wintzig raums / auch zů zeiten darunder / wanns nit die
Kindbetterin eſſen. Item man mag woll knȫdlen auch alſo machen / vonn
Hennen oder Kaponē fleiſch / aber nur rohe hack das brāt wanns geſotten
iſt / wirts ſper.

12. Junge Hůnlen einzůdempffen.

So bereit die hůner ſchȫn vnd ſauber / thůs in ayn hafen / geuß Wein vnnd
fleiſch ſuppen daran / ſaltz zů maſſen / gilbs / ſtüps nit zůuil / die
ſuppen mach daran / wilt du das ſüpplen dick haben / So nimb zwů bāte ſe-
5 mel ſchniten / legs zů den ſiedenden hůnern / ſtoß das waich werden ſo
klaub die geſotten ſchnitten vnd die leberlin / ſtoß vnnd treibs durch /
gewirtz ab / geüß wider inn die hůner / laß an die ſtat ſieden / Lemoni
ſeind gar gůt / zů ſcheiben geſchniten / vnd bey den hůnlen geſoten / ſo
mans anricht / fein auf die hůnlen glegt / wilt dus aber abſeihen / ſo
10 geüß ain wenig Wein vnd ſtüp darein / vnd ain ſchmāltzle / vnnd gewirtz /
thů Muſcat blů darzů / ſtoß alſo ſtehendt auff ain glůtle / ſchaw eben
darzů das nit zů waich werden / gibs dar / wilt dus ſů̄ß haben / ſo thů
ein zucker oder trieget darzů.

13. Ain gůts eſſen von Kaponen.

Nimb ain Kapon / vber brů jn / vnd ſaltz jn / ſteck jhn an ain ſpiß / brat
jn / nimb dann ein halb pfundt Mandelkeren / ſtoß ſie auch / mach ein
dicke milch darauß nimb den Kaponenn / laß das brāt gar daruon thůn / das
5 die haut nit darbey ſey / zůr reiß das brāt gar klain / nit zů lang / nimb
ein reiß mel / thů es vnder das brāt / machs ab mit gewirtz vnd zucker /

laß inn der Mandel milch ſieden biß trucken wirt / vnd wider ſchmaltz /
ſo iſts berait. Man nimbt ſonſt ein weiß brāt von Kaponen die braten ſeind
/ ſchneids gewirflet / nur das weiß / nimb / ſtoß den̄ inn aim Mör̊ſer / vnd
10 ſtoß ain Reiß zů mel / nimb ein gůte dicke Mandel milch / nimb das geſtoſ-
ſen brāt / thů es in die Mandel milch / vnd machs dün / nim ain Reiß mel /
kochs auch darein / zuckers / laß ſieden / als lang / das dich zimpt es
ſey genůg / ſo gibs für ain gemůß / thů ein trieget / oder gůts linds
ſtüplin darauff.

14. Hayß Wildbrāt paſteten.

Von Hirſchen oder Rȧch / Wann die Paſteten gemacht iſt / von rugken mehl /
ſo nim̄ das wildbrāt / vnd vber brān̄s / ſchneid zwen ſchnitz darein / waſch
auß drey oder vier waſſern / vnnd nim̄ ain neẘs Ochſſen flaiſch / das hack
5 gar klain / ain wenig ſpecks darundter / vnd ain hand vol Maioran / ge-
ſaltzen vnnd gewürtzt / Ingwer / pfeffer / vnd ander gwürtz / durchainan-
der / netz ain wenig mit eſſig / ſchaẘ das kein bain inn der Paſteten
jrrt / magſt auch wol Lemoni darzů nemen / vnnd laß drey ſtund bachenn /
Gibs warm̄.

15. Wie man die Rȧchſchlegel berayten ſoll.

Nim̄ den ſchlegel / vber brān̄ jn in aim keſſel / darnach zeüch jm die haut
ab / thů dz ſchȧdlich daruō / ſaltz ein / vn̄ ſpicks eerlich hinein in kol-
bē / ſtüppē darnach ein mit gůtem gwürtz / geuß ain eſſig draůf / laß ain
5 gůt weil darin ligen / Nim̄ auch ain rugken taig / gleich wie zů den vi-
ſchen / treib ain weyt blat auß ainander / beüg jm den fůß krum̄ / doch dz
er auch in taig kom̄ / nim̄ ain andʼn taig / deck glat darüber / vnd nim̄s
dan̄ vmb vnd vm̄ ab / kräntzels vn̄ beſtreichs mit ainem penſel / mit gelben
dottern oder ſaffran / ſcheüß in ain bachofe / als lang als ain pratſchier
10 / gibs kalt.

16. Kalt Wildbrāt Paſteten.

Nimb das Wildbrāt / wan̄ es vberfaymbt iſt / nach der lāng geſpickt / das
der ſpeck eerlich hinein in̄s Wildbrāt kom̄ / ſaltz vnnd gwürtz zwir ſouil

als mit pfeffer / als denn nim̄ jngwer / temperiers durch ainander / vn̄
wol gwürtzt / alſo trucken inn tayg gelegt / Der tayg můß auch von aym
rugken mehl ſein / darff nicht auff dȫnet ſein / Sonder du můſt nemen ain
rugken / auß zognem mehl / mit ainē haiſſen waſſer abgeknetten / ſtarck ge-
arbait / dann ſo nim̄ des taigs / treyb jn glat auß in die weyt / leg das
vorgeſchriben Wildbrȧt darein / vnd ſtürtz das blat darüber / gleich wie
man aim krapffen thůt / laß alſo bachen zwo ſtund / Es iſt auch gůt / wer
gern will / der neme faißt flaiſch / vnd ſpicks alſo.

17. Kochen von fleiſch / Erſtlich von krapffen.

KRapffen zůmachen / So nimb die flügel vonn Kaponen die wol geſoten ſeind
/ vnd ſteck die mit Petroſill vnd Pieſſen wurtzen / ains ſouil als des an-
dern / vn̄ nim̄ ain gůtten kȧß / ain wenig geriben brot / ſechs ayer ain we-
nig weinbeerlen / nim̄ zym̄etrinden / Ingwer / pfeffer / nȧgeln / als vil
als dir liebt / vn̄ ain lȯffel vol ſchmaltz / miſch es durch ainander /
mach ain ſubtils taygel / ſeüd es in der Kappaw̄nen ſupp / vnd vber die
knȯpffel gůttē kȧß vnd ſchmaltz.

18. Kȧlbern Paſteten.

Wann die Paſteten gemacht iſt / von waitzen mehl / So nim̄ das tiech brȧt
vō hindern pieg / vber brȧn̄s / thů die haw̄t daruon / hacks gar klain /
vnd nim̄ halb ſouil fayßte als des flaiſchs iſt / vndter ainander klain ge-
hackt / ſaltz vnd gwürtz ain wenig mit ſaffran / ain wenig mit eſſig be-
ſprengt / ob du wilt / geuß ain wenig ain flaiſch prů daran / ain wenig
weinbeer / du magſt auch ayer dotter / die beſteckt ſeind / darein nemen /
Wan̄s alſo gefüllt ſeind / laß ain halbe ſtund bachen.

19. Ain Zung eingemacht inn Paſteten.

Wan̄ die Zung geſotten iſt / ſo ſchȯl die haut daruon / ſchneid ſie zů
ſtucken / in der dick als ain halbē finger / vnd nim̄ ain new̄e fayßte /
klain gehackt / vnd eingemacht mit allerlay gewürtz / vnd ſpreng die
ſchnittel der zungen / in ain yedes ſtuck der zungē ſteck ain nȧgeln /
darnach ain hand vol fayßte darauff geſprengt / zůdeckt / laß ain ſtund

bachen / Dieweyl ſie bācht / dieweyl mach ain ſchwartzē pfeffer dran /
mach den pfeffer auffs beſt mit gewürtz vn̄ wein. Nim die Paſteten auß dem
ofen / ſchneid ſie auff / nim̄ das faißt darauß / vnd geüß an den pfeffer /
10 laß durch ainander ſieden in ainer pfann / ains oder vier mal gebunden /
dann geüß wider inn die Paſteten / thŭ die deck wider darüber / thŭs in
ofen auff ain halbe ſtund / ſo iſts berait / Ein Khŭ eyter mach auch alſo.

20. Griens wildbrāt Paſteten.

Machs alſo / nim̄ brātigs wildbrāt / ſpicks gar ſchon / gleich ob mans bra-
ten wŏll / ſaltz jn ein / treib dan̄ ain Paſteten auff vō waytzen mehl
gmacht / gleich wie zŭ kütten oder ander Paſteten / gewürtz wol / ſonder-
5 lich mit nāgeln / zimetrŏrn / leg muſcatplŭ darzŭ / magſt Lemani oder zit-
weben darzŭ brauchen / mach fein ain plat darüber / vn̄ ſcheüß alſo in
bachofen / oder in ain Paſtetē pfan̄ / mŭß langſam bachē / ſo gwints ain
feins ſüplin / mŭſts warm̄ gebē.

21. Hirſchen lebern.

Nimb die vn̄ brats / ſchneid das auſſer herab / ſtoß in aim mŏrſer mit rug-
kem brot / mit hŏnig / wein vnd eſſig reibs durch ain tŭch / gwürtzs /
vnnd erwŏll die lāber / gibs kalt zŭ eſſen.

22. Einbaiſt zungen zŭmachen.

So nimb ein zung / ſchneid den troß vnd das fleiſch daruon / vnnd ſchlags
wider ain banck / oder ſtain / das weich wirt / darnach nimb rot Rŭben /
die waſch ſchŏn vnd laß ſieden / das waich werdenn / wie zŭ ainem Salat /
5 ſchneids dünn ſcheüblecht / wie zŭ ainem Salat / vnd nimb ain hafen / vnd
leg ain leg Rŭben darein / vnnd ain wenig Enes vnd Coriander zŭrſtoſſen /
ſaltz die zungen woll / legs darauff / dan̄ mer Rŭben / vnd Enes / vnd wan̄
du die zŭgen all hinein haſt gelegt / ſo geuß die brŭ / da du die rotten
Rŭben in geſotten haſt dauon / kŭl / leg ain brātle darauff vnd ſchwers
10 nider / laß alſo ſteen / vier oder ſechs wochenn / dann ſo ſchŏls gar
langſam / Man mŭß woll drey wochen ſchŏlen / dann wann man ſie gehlingen
ſchŏlt / ſo werdens ſchmeckend / im Sommer / vnnd an der kŭl laß ſtehen /

die weils inn der bayß ligen / dann ſo hacks auff / ſo du deñ eins kochen wilt / ſo ſeüds / gibs in ain geſcherbel oder pfefferlin.

23. Gu̅te würſt von La̅mmern lungen flaiſch.

Die waſch oder hacks gar klein / So es ſchier gar gehackt iſt / ſo nim̄ dz netz vom Lam̄ für faiſte / hacks auch darunder / ſchlag ayer dran / vnnd ain wintzigs ra̅w̅mlin / thu̅ ain wenig ſchwaiß darunder / gwürtzs / thu̅
5 weinbeerlen darein / nim̄ dañ die da̅rm̄ vom Lam̄ / oder dz ma̅glin / oder Ka̅lbern da̅rm̄ / dün Rinderin da̅rm̄ / fülls darein / nur nit vol / vnd ſeuds / Vber ſollichs würſtel mach ein geſcherb an das ſüppeln / oder pfefferlin was man will / man mags ainer Kindbetterin geben.

24. Von Ka̅lbern / Rindern würſt / von Lungen vnd La̅bern.

Nim̄ ain La̅ber von aim Rind / auch der lungen / hack yedes in ſonderhait / gar klain / hacks dañ bayde zu̅ſamen / thu̅s inn ain Mu̅lter / ſaltz / thu̅ ain pfeffer ſtüpp darein / vnnd ain gu̅ts gerings fayſt / das ſchneid dar-
5 ein / nit zu̅ klain / es verſeudt ſich ſonſt gar / geuß dann wol ain ſu̅ſ-ſen milchra̅w̅m darein / ru̅rs durch ainander / nim̄ dañ die weyten da̅rm̄ vonn ainem Ochſſen / machs drein / nur eerlich la̅r / binds an bayden orthen mit ainem faden / vnd vber bra̅ns / Sollich Würſt ſeind faſt gu̅t auf kra̅w̅t oder Ru̅ben / ſeind fein lind / Auß ainer Ka̅lbern la̅bern magſt auch Würſt
10 machen / mit Ra̅w̅m oder on ra̅w̅m.

25. Bratten Stockuiſch.

Seind die ſchwa̅ntz am beſten / nim̄ ain gewa̅ſſerts ſchwantz ſtuck / vnd laß nur ain wal thu̅n / nicht mer / nimb jn ſchier herauß / ee es vberwalt / vnnd klaub auch die gret daruon / vnd hack zwifel gar klain / rö̅ſch jn ku̅l
5 im ſchmaltze / vnd thu̅ iñs ſchwantz ſtuck ſtüp / weinber / etlich füllens mit geſtoſſen nußkeren / oder mit geſtoſſen Mandel / vnd bind den ſchwantz feyn wider zu̅ / leg ſpenlen auff ain roſt / leg dan darauff / brat jn ku̅l ſaltz jn am erſten / ehe du den zu̅ bindſt / nimb jn dann zwiſchen zwaienn kochlöffel / begeüß mit haiſſem ſchmaltz / laß nit zu̅ lang ligen auf dem
10 roſt / richt jn auff ainer blatten an / geuß ein löffel vol haiß ſchmaltze daran / ſo iſt er gu̅t.

26. Pfrillen im butter

Seudt man auch inn Wein / mit aim butter gegilbt / gewürtzt / vnd die
Pfrillen spreng am ersten ein mit saltz / nit zůuil / vnd schüts in den
gesotnen wein laß nit zů lang sieden. Grundlen seind auch also gůt /
5 kocht in butter.

27. Wilt du ain Höchten füllen?

Wilt du ain Höchten füllen / so zeüch jm die haut ab biß auff den schwantz
/ zerreiß die haudt nit / vnnd zerschlag die haut nit / vnd schlag die
haut in ein nas tůch / darnach lőß das brāt mit einem messer vom grad /
5 hack dz brāt klein / Nim darzů ein rochs ey / zwiers vnd schlags / vn
saltz das brāt wider / an dem gret / zeüch dann den balg seüberlich dar-
über / biß an dz haupt / darnach leg jn in ein wol gewürtzte brů / mit
wein vn essig / seüds biß sein genůg hatt.

28. Ain Basteten von gebachnen Höchten.

Nim gestossen Mandel / vnd gestossen reyß wann du die Höcht bechst / so
thů die gret all daruon / vnd den gschelten Mandel / stoß besond͛ / auch
den taig darnach lőß das bret / vnd stoß alles durch ainander / misch es
5 mit einem gůten pfenwert milch / machs nit zů dün / das es dannoch ein ge-
můß sey / thů ein lot zucker daran / gilbs / saltz zů massen / mach ain
taig wie zů ainer Basteten / thů das vor geschriben in die Bastetten /
thů es in ein ofen / laß bachen / das nit verbrinn.

29. Kalt Höchten macht man also.

Thů den Höcht am rugken auff / saltz jhn ein / das er ain weyl im saltz
lig / leg jn darnach auff ain rost / aingemacht kol darundter / nur nit
zůhaiß / begeüß jn mit ainem schmaltz / das er fein liecht prawn sey /
5 das er sich nit beseng / darnach seyhe das schmaltz von dem visch / Vnnd
nim ain sawrn wein / wie man vber den tisch trinckt / vnnd als vil wein
souil essigs darzů / geüß es an die visch zun höchten / der ain pfund
hat / bey ainem māssel / des süpplins můß nit vil daran sein / vnnd nimb

ain löffel vol Ingwer ſtüpp / nägel ſtüpp / muſcat / ob man gern will /
10 laß alſo an dem viſch wol einſieden / dz der wein wol dran gſotten ſey /
ſo werdens gar gůt / Kain pfeffer ſtüpp nim̄ nit.

30. Knödel / auch Würſt von viſchen.

Nim̄ ain brāt ains viſch / hack es gar klain / nim̄ dan̄ ain friſch ay / oder
zway / darnach das brāt iſt / ſchlags darein / růrs ab / nit zů dün̄ / thů
weinbeerlin darein / vnnd zwierles ab mit gůtem linden gwürtz / Vnd ſo du
5 ain groſſen viſch auffthůſt / als Hůchen / odᵉ ſonſt ain groſſen viſch /
ſo wäſch dann den ſchön auß / vnd thů des gehackten brāts darein / vber
ſchops nit / es thůts gar ain wenig brāts / inn ain Wurſt / binds ſchon
an bayden orthen / das der darm̄ nit zriſſen ſey / Nimb dann ain lautere
Erbiß prů / leg die Wurſt drein / laß wol vberſieden / die knödel võ di-
10 ſem brāt leg auch zů der Wurſt / oder beſonder / So ſie ein weyl geſotten
haben in der Erbiß prů / Alſo mach darein ain gelbs ſüpplin / wie mans an
die viſch macht / vnd laß die Würſt vnnd die knödlen gar dünn abſieden /
wie die viſch / Es ſey der grad oder ſonſt ein viſch / in ſuppen kocht /
ſo nim̄ dann vnd ſchneid die würſt zů ſcheiben / vnnd legs zů den eynge-
15 machten viſchenn / des gleichen auch die knödel / legs auch gantz darzů /
iſt ein höflich eſſen. Item die Köche / die fahen den ſchwaiß vom viſch /
vnd hackē ein bret klein / ein ai darmit / hack auch die leber vndᵎ dz
bret / gewirtz faſt wol / vn̄ ſaltz ab / vn̄ ſchops in darm̄ / vn̄ leg es ge-
leich an die ſtat / mit dem viſch inn die ſuppen / das alles miteinander
20 ſied / darnach zů ſcheiben geſchniten / vn̄ nuſſen vmbher gelegt / es ſey
im ſüpplen oder in der ſultzen / In ſultzen mag mans auch vergulden / legs
eerlich an den raunfft in der ſchüſſel / ſo ſicht man das die ſuppē dar-
über gehet.

31. Ain Baſteten zůmachen von bachen Höchten Mandel.

Mandel vnd geſtoſſen Reiß / wan̄ du den Höchten bechſt / ſo leg jn auff ein
anricht / vnnd thů den grad all̇ daruon / die geſchelten Mandel kern ſtoß
beſonder / wann er nun geſtoſſen iſt / ſo ſtoß es alles vndereinander / dē
5 Höchten vnd Reiß / vnd mandel / nim für ein pfening milch / vn̄ machs damit
ab / machs nit zů dün̄ / dz es dan̄ocht lähn ſey ſam ein můß / thů eerlich

zucker darein / mache es gelb / ſaltz zūmaſſen / mach ain taig von einem
ruckē beütel mel / breñ den ab mit haiſſem waſſer / wȫll jhn woll / das
er herdt wirt vnd machs hoch / wie zū ainer Baſtetten kert / thūe die ob-
10 geſchribnen fül darein / thū es in ein ȫfelin / laß bachē / haſt du nit
ain ofen / ſo iſts inn ainer Baſteten pfañ auch gūt / ſchaw̆ eben das es
nit verbrinn / ſo iſt es gūt.

32. Ain Bachens inn der Faſten.

So nim̄ vn̄ hack rogen / ſtoß inn aim Mȫrſſer / nimb Leber von viſchen /
nimb auch das ſchmaltz von den viſchen / vnd klain Weinberlen / vnd hack
das durch ainander / vnd mach ein blat darzū von ainem taig / ſchlag dz
5 gebāck darauff / bachs nur in ainer pfañ / trags warm̄ für.

33. Stockuiſch zū kochen.

Stockuiſch mūß man bleüwen / vnnd ſtuck machen / vnd die ſtuck binden mit
ainem faden / das nit võ ain ander felt / vnd wāſſern / darnach ſo er ain
nacht vnd tag gewāſſert hatt / ſo mag man kochen.

34. Von ſchwartzen Karpffen.

Die Baſteten / ſo ſchneid jn zū ſtucken / mach ein ſtuck nach dem andern /
eingewirtzt vnd geſaltzen / vnd eingelegt / mit dem ſelbigen gewirtz / als
die andᴊn viſch vor geſchriben / darzū ein wenig allerley gewirtzt / ein
5 wenig zucker / weinberlen / Lemonien / ein wenig viſchſchmaltz / auch den
ſchwaiß von dem Karpffen / ein wenig mit wein vnd eſſig abgerūrt / als mit
ainander eingoſſen / zūdeckt / laß bachen zwū ſtund / Alle Baſtetē mach
auch alſo / etlich nemen für den eſſig ſūſſen wein / vnd für Lemoni ain
zwiffel / auch Weinberlen / laß gleich ſo lang bachen als die andern.

35. Tortten von grūnem kraut.

Nimb eyer / vogel ſpeys / die laß gar woll auß trucknen / Nim̄ gūte kreüttl-
len / Bertram / Maioran / ein wenig Biſem / das hack gar klein / truck den

ſafft darauß / das das gehacket kraut gantz trucken ſey / Nimb dann die
5 vogel ſpeyß inn ain Mörſſer / ſtos wol / ſchlags wider an die ayr / ein
wenig ſüß Rainbel / ein wenig geriben ſemel / zucker / Weinber / thū das
gehackt kraut darein / rūrß alles vnder ainander / ſtüps.

36. Torten von grūnem kraut.

So nimb grūns kraut / Bertram / iſt gŭtt in allen Tortten / dañ nimb auch
ein wenig Bieſſen / Maioran / vnd was dich gŭtt dunckt / hacks gar klain /
nimbs / röſts im ſchmaltz / vnd reib ein linden käß darundᴊ / der nit
5 ſtarck ſey / vnd ſchlag ayer daran / ans kraut / vnnd ein käß / thŭe Wein-
berlen daran / ſtüps / das iſt nur die fül / Nimb dann ein ay oder zwey /
darnach du jn groß machen wilt / vnnd zerſchlags gar wol / nimb den die
pfañ / thū ein wenig ſchmaltz darein / das die pfann alle vber netzt ſey
mit dem ſchmaltz / ſeich das ſchmaltz glat auß / vnd geuß das geklopfet
10 ay inn die pfann / laß vmb vnnd vmb lauffen / das die pfann alle mit dem
klopfften ay vberzogen ſey / dañ geuß die vorgeſchriben füll inn die pfan
/ vnd ſetz auff ain roſt / darunder ſchier ein zimblichs glŭtlen / thū
ein haffen deck darüber / mit ainer glŭt / ſo gehts fein auff / darff nit
zū lāg bachen / es geet fein auß der pfann / wann dus nur vnnden nit an-
15 breneſt / gibs warm̄ auff aim blat.

37. Schüſſel mūß zūmachen.

So nimb auff ein tiſch fünff ayer / zurſchlags / vn̄ nimb wol zwier ſouil
gŭtten ſüſſen milch raumb / thū ayn zucker darein / ſaltz zūmaſſen / vnd
netz ain ſchüſſel / mit eim zerlaſſnen ſchmaltz / geüß die kalten ayer
5 vnd raumb darein / nimb inn ein hafen ein waſſer / ſetz die ſchüſſel ver-
deckt auff den hafen / ſo wirt es fein veſt / auff den ſeitten des hafens
/ ſo es fein veſt wirt / wie ein ſultz / ſo hatt es ſein genŭg / vnd iſt
ein gŭts linds eſſen. Man macht das ſchüſſel mūß auff den form̄ / alſo nimb
ayer vnd raum / Brenn zū maſſen ein mel darein / geüß in die ſchüſſel /
10 ſetz auff ein drifūß oder roſt / vnd thū ein hafen deck mit eine zimlichen
glŭtlin darauff / ſo becht es ſich fein thū dᴊ ſchüſſel nit zū heiß / ſo
es reſch wirt / hat es ſein genŭg.

38. Mandel mům.

Nimb ein dick mandel / geſtoſſen reiß / hacks in die Mandel milch / die
můß am erſten ſiedenn / wilt du aber Reiß vngeſtoſſen inn Mandel kochen /
ſo ſeud den Reiß ab inn einem waſſer / vnd waſch jn / vnd wöll die Mandel
5 milch / geuß ans Reiß / laß alſo ſiedē / wie mā ſunſt ein Reiß ſeudt / vnd
Zuckers wol / gibs warem / ſee Zucker darauff vnd Weinberlen.

39. Mandel Kåß.

Den mach alſo / nimb ain Mandel milch die gar ſchön geſigen iſt / můſt
auff ain pfundt Mandel wol vier lot Hauſenblatern haben / damit mans
ſterck / man můß am erſten die Hauſenblatern inn waſſer ſieden / vnd mit
5 dem ſelbigen waſſer můſt du die Mandelmilch durchtreiben / Etlich machens
/ nemen dē Mandel dick / doch durch geſchlagen / das durch ain ſiblin ge-
het / aber gehet vngeren durch / oder durch ain pfeffer pfann / die nit
küpfferig ſey / mit Hauſſenblatern geſterckt / erlich Zucker darein /
ſeuds alſo lang als zwey ayer / denn ſo geuß in ain form̄ / da man die
10 ayer kåß ein geuſt / ſetz da es kalt hatt / So geſtets / ſo es geſtanden
iſt / můſt du den Mandel vnden in ein haiß waſſer haben / ſo gehts geren
herauß / richts an auff ein ſchüſſel vnd geuß ain kalte Mandelmilch dar-
über / darff nit mit Hauſenblatern geſterckt ſein / geuß ſouil milch /
das nicht vber den kåß gehe / ſo ſicht man den form̄ des kåß / nim̄ erli-
15 chen zucker.

40. Marcipan.

Nimb geriben oder geſtoſſen Mandel / der gar klain iſt / ſo er geſtoſſen
iſt / ſo nimb ſchmeckendt Roſenwaſſer / da wirdt er weiß von / thů ſchier
ſouil zucker darein als der Mandel / Nimb der Oblat / vnnd die leg auff
5 ein Papir / darnach du den Marcipan / groß wilt machen / ſo nimb die Ob-
lat / netz an örtern / leg ain anders Oblat daran / es hafft aneinander /
Sonſt zu groſſen Marcipan iſt ain Oblat zů klain / nimb dann ain ring er
ſey hiltzin oder eißnin / zwerchen finger groß / ſetz auff den zuſammen
gemachten Oblat / ſchneids nach dem ring vmb vnd vmb / ſo wirdt ehs ſcheib-
10 lig / Aber ehe du es abſchneideſt / thůe den Mandel inn ring / gleich als
hoch der ring iſt / gleichs fein an / zeüch dann den ring vberſich auff /

vnnd ſee auff den Marcipan Coriander / bachnen Enis / Nimb den ſcheüß auff
ain hafen deck / die man zun Baſteten pfannen hatt / ſcheuß aber Papir vnd
bachs inn der Baſteten pfann / ſo lang biß fein hörtlet oben vber wirt /
15 ſo nimb dañ die deck auff die pfann / ſchüt es gemächlich abher auff ein
ſchöns brettlin / gibs kalt für ein eſſen / oder an dem abendt für ain
ſchlafftrunck. Item man macht aigen pfannen zu den Marcipan / dörffent nit
ſo hoch ſein als die Baſteten pfannen / můß ein kößler oder kupffer ſchmid
machen / ob aber ainer jhe der ſelbigen pfannen kaine möcht haben / ſo
20 ſoll man ſonſt ein pfannen nemen / vnd mit ſpänlen ain gatter darein le-
gen / vnnd den Marcipan darauff legen / ſetz die pfannen darauff entbor /
das nit gar auff der glůt ſteht / thůe ein hafen deck darauff mit eyner
glůt auff die pfañ / Etlich nemen oben vber den Mandel auch ayn Oblat /
aber es duckt mich noch beſſer ſein / es ſei oben blos / vnd mit Confect
25 vberſeet / můſt eben darauff ſehen / das er ſich nicht brenn.

41. Ein faſt gůts gemůß zůmachen.

So nimb Weinber / Cubeben vnd Mandel / eins ſouil als deß andern / waſche
die Weinber / ſchel die Mandel / auß den Cubeben ſchneid die körnlen /
nimbs deñ hacks durch einander / wie ain Lung můß / vnd nimb ein harte ſe-
5 mel / ſtoß vnd röſt die ſemel im ſchmaltz / nimb das gehacket auch darzů /
geuß ein Rainffel daran / gewirtz mit gůtem Linden gewirtz / vnd zuckers /
laß alſo ſieden / ein gůtte weill / das dick werd / dann ſo richts an / ſo
iſts ein faſt gůts gemůß.

42. Gefüllt öpffel zůmachen.

So nimb gůt öpffel / nit zů groß / die nit faſt ſawr ſeind / ſchöls / nit
ſchneids / am erſten ain pletlin herab / höll den öpffel aines auß / doch
das ain Raunff auſſen vmbher bleib / Nim eerlich mandel / ſtoß / thůs inn
5 gehackt öpffel / darnach weinbeerlin / zymetrörn / ſtüpp / ain zucker /
vnnd ſchlag ain friſch ay daran / füll die ſelbig füll inn öpffel / thů
das plättel wider darauf / mach klaine ſpißlen / die ſteck darein / daß
das plat auff der füll bleib / nim dañ ain ſchmaltz in ain weyte pfañ /
laß haiß werdē / thů ain häfin deck auch mit aim glůt darauf / ſo bräůndt
10 es ſich hüpſch / So es nun anhebt waich vnd gleich primbſen zů wern / ſo

hebs herauß auff ain schüssel / wilt gern / so mach ain wenig süß süpplin daran / thů wol zucker darauff / gibs am letzten / ist ain gůt essen.

43. Ain feygen Sultzen.

Nimb allweg sechs Feygen an ain spiß / mache der spißlin wieuil du wilt / seuds inn aim kessel oder hafen / geuß gleich wein vnd wasser darein / Nim̄ dann brot vnd lezelten geriben / thůe jn an die suppen / Von den fey-
5 gen / honig vnd essig / treibs durch ain tůch / gwürtz alles / vn̄ ferbs erwo̊lls durchainander / legs in ain rains faß / wann du es anrichst / so bestrewe es mit weinbeer / gibs kalt.

44. Weinbeer můßlin.

Nimb weinbeer / hack sie klain / stoß inn aim mo̊rser / nim̄ bǎwt semel / stoß auch darnach / můsts gar lāg stossen / Vnd so es gar lang gestossen ist / so schlachs durch / seüds wider / thů eerlich zucker darein / gibs
5 kalt / Aber kräcken leüten soll mans warm̄ geben. Vndter die weinbeer sup- pen můßt auch wol zucker nemen.

45. Schwartz koch von o̊pffeln vnd Piern zůmachen.

Nimb sůß o̊pffel / die schneid gar zů dünnen spǎltlin / vnd bachs in dem haissen schmaltz gantz bråwn / vnd hacks gar klain / thůs in ain düpffel oder pfan̄ / geüß sů̊ssen wein daran / eerlich zucker / seüds ein weyl /
5 stüps mit lindem gwürtz / såe eniß in zucker bachen / darauff / das magst du von Piern auch also machen.

46. Dinst Byern mach also.

Schel die Byern / laß die stengel daran / bachs in aim haissen schmaltz das gantz braun werden / thůs in ain hafen / geuß ein sůß Weinlin daran / thů ain kümich / vnd ein wenig Nǎgelē stüp darzů / laß feyn absiedē / thů
5 ain zucker daran / ain gesottner most ist fast gůt darzů / Es gewinnt ain dicks süpplin.

47. Bachen Kütten zůmachen.

Machs alſo / ſchneid groß Kütten zů dinnen ſcheiben / thů darauß die kern vnd ſtain / legs in ain warm̄ ſchmaltz das nit haiß ſey / laß auff aim glůtlin ſtehen ayn ſtund / ſo werdens waich / dann ſo nimb ain dünnen tayg mit
5 weyn vnd zucker gemacht / zeuchs dardurch / bachs im ſchmaltz alſo / das der taig gelb bleib.

48. Ain faſt gůts můß / das ſchwartz iſt.

Schneid gůt öpffel inn ain hafen / vnd thů darzů ain tail der rotten weichſeln odᴊ Zweßben / auch ein gůten tail / die mollen von ainer Semel / vnnd geuß ain wein daran / laß alſo durch ainander wol ſiedē / biß es fein waich
5 wirt / ſo ſtreich es durch ain ſiblin oder tůch / thů zucker dar ein / vnd gůts linds gewirtz / laß abſieden in ainer pfañen / gibs kalt oder warm̄.

49. Bachen wirſt inn der Faſten.

Machs alſo / hack feigen vnd Mandel vnder ain andᴊ thůe ein wenig Weichſel ſalſſen daran / vn̄ Weinberlin welgs zwiſchen den henden / auff ainem melbigen bret / in der geſtalt der Würſt / zeuch die ſelbigen würſt durch ayn
5 Apffel taig / bachs / gibs auff grienem kraut.

50. Kůchlen von öpffel zůmachen.

So hacks klain / ſaur öpffel / gar klain / nimb mer als den dritten tail ſemelmel darunder / ſchlag ayr darundᴊ das er nicht zů dünn wirt / ſchlags klain / inn ain wol haiß ſchmaltz / gibs trucken oder inn eim ſüpplin /
5 oder geſcherb.

51. Ain Torten von mandel.

Nimb mandel geſtoſſen gar faſt / tröpffel nur mit waſſer zů / mach dan̄ ain ſchotten ſchier als vil als der geriben mandel / růrs durch ainander / ſchlag ayer daran / daß in der dick wirt als ain kůchel tayg / thů eerlich

5 zucker darein vnd weinbeerlin / mach ain plat von ayern vnnd mehl / reibs
mit ainem wöllger auff ainander / ſchlag die obgeſchriben fülle darauff /
vnd laß in ainer paſteten pfañ bachen / oder in ainem bachofen / nit gar
zůlang / Wañ es ſich aber vberſich bäumpt / vnd härdt wirt / ſo iſts gnůg.

52. Die klaine Schwebiſche kůchlen.

Macht man alſo / Nim̄ ſemel mel / mach ein taiglen inn der dick wie ain
kinds oder milch kůch / nimb ein wenig ſchmaltz inn ain pfañ / geuß den
taig / den můß man mit kaltem waſſer an machen / in die ſchmaltzig pfañ /
5 hebs vbers fewr / růrs zůſamen / ob dem fewr / das wirt wie ayn pyrn můß /
ſchlag dann ayr daran / můß nicht lang bören daran / nimb den ſelbigen /
zeüch jn mit ainem bögel oder eiſenle in zimlichs haiß ſchmaltz / werdē
fein kuglet in dᴊ pfañ.

53. Von Pfanzälten.

Item Pfanzälten mach alſo. Nim̄ ain blawe milich vnd ain thail waſſer dar-
under / machs ain wenig law / nim̄ dañ ain waitzenmel / mach mit dem waſ-
ſer vñ milch ain tayg ab / wölg jhn lang ab / das er wol veſt werd / mach
5 klaine kügeln darauß / wölgs auß ainander ſcheiblecht / in der dick oder
dicker als ain Affenmund / legs alſo inn ain haiß ſchmaltz / růr die pfañ
ſo gehnds hoch auff wie ain ſemel / Wañs warm̄ ſeind / ſo iſts ain gůts
gmains gebachēs.

D.

HANDSCHRIFT

AUGSBURG A. 1553

1. Ain gelb brielin zů machen jber wilbret oder vegellen

Erſtlich nempt ain ſchmaltz jn ain pfanen vnnd reſt ain wenig ain mell darin nempt ain wenig ain wein vnnd 3 mal mer fleſchbrie vnnd thiets jn die pfannen vnnd thiet jmber vnnd pfeffer daran vnn gilbts ſo jſt es gemacht

2. Gelben pfeffer zů machen

Jtem mach jn allſo pren ſchen mel jn ainem ſchmaltz geůſß wein vnnd fleſchprie darein thů gewirtz daran jſts aber ain faſtag ſo nim erbisbrie für die fleſchbrie

3. Ganſßſůpen zů machen

Machs alſo nim ain weiten pfannen ſetz vnnder die ganſß ſo dů aine pratteſt laſß das ſchmaltz dareintrieffen nim darnach ain gůte milch ſeůdt ſy mit zůcker vnnd thů gepets brait darein

4. Ain gůte ſůpen

Wiltu ain gůte ſůpen machen ſo nim ain ram vnnd ain leffel voll ſchens mel thů ain zůcker daran darnach thů es jn den ram laſß anainander ſieden

5. Ain weiſſe ſeltz

Nempt ain wenig mandel vnnd broſembrot vnnderainander vnnd ſtoſts klain vnnd treib důrch ain sůpenſeichlin mit ainem eſſich war er zů ſtarck were nim ain wein darůnder

6. Welt jr ain bolliſchen brie jber ain hecht machen

Hackt zwiffel klain ain oder 6 darnach ſy groſß ſeind thiets jn ain erbisbrie jn ain ſaůbere pfannen / laſts ain halb fierteleſtůnd ſieden / vnnd thiet die hechtſtůck darein ſaltzt ſy vnnd gewirtzt ſy woll mit pfeffer
5 vnd gilbt ſy / vnnd land ſy woll anainander ſieden / bis der hecht gnůg hat darnach richt jn an

7. Ain moſtertſenff

Stoſß mandel klain vnnd treibs dúrch ain ſaúber peúteltuch mit ainem eſ-
ſich / ſo haiſt mans ain weiſſen ſenff / wan jrs gelb haben welt ſo gilbts
ſo múgt jrs geben an kelberfieſß oder hirſchin fieſß

8. Wie man ain agereſt von traúben machen ſoll

Erſtlich ſoll man die vnzeitigen draúben nemen vnnd erſtoſſen vnnd dar-
nach dúrchzwingen vnnd ain maſß ſafft ain hendlin voll ſaltz vnnd jn ain
feſſlin gethan vnnd all tag vmbtreiben ſo wirdts ain gút agreſt

9. Kalbfleſch lang behalten /

Alsbald es von der metzg kompt von ſtúnd an ſaltzen vnnd darnach all tag
mit ainem eſſich jberreiben vnnd wan mans praúchen will jn allweg 6 ſtúnd
vor jn ain waſſer laſſen legen

10. Schweinin fleſch digen machen

So nempt ain fiertel von ainer ſaú vnd ſaltzen es faſt woll das es gleich
weiſß werd vor ſaltz vnnd land das ſaltz daran ergan jn ainem keller vnnd
wan es ergangen jſt ſo ſegen das waſſer herab / vnnd gieſſen es wider dar-
5 iber das thent ain tag 2 oder ˙3˙ mall vnnd wan es vier wúchen jn dem
ſaltz jſt gelegen ſo hengt es aúff vnd rechen es fein gemach / bis es woll
drúcken wirt vnnd fein reſch / laſt es achtag jm rach hangen darnach hengt
es jn ain kamer da der lúfft zú kan es bleibt eúch das ganz jar

11. Welt jr gút digen oxenfleſch machen /

So laſt eúch zenterling machen 3 mans zwerch finger dick vnnd ſaltzens
woll das es weiſß werd vor ſaltz vnnd wen das ſaltz ergangen jſt ſo ſegen
das herab vnnd gieſſent es wider dariber oder legen das vnnderſt zú oberſt
5 damit das ſaltz jberal dareingang / vnnd wan es 4 tag jm ſaltz gelegen jſt
ſo hencken es aúff vnnd rechen es mit wechhalderportzen ab land es ˙3˙ tag
hangen wirt es fein rott

12. Ain gůt brates zů machen

Nim kelberis oder ain lembratten von ainem ochſen legs jn ain wein jber
nacht darnach ſtecks jn an ain ſpis thů jn dan jn ain haffen thů daran
ain gůte fleſchbrie zwiffel wein gewirtz pfeffer jmber negellen vnnd laſß
5 woll daran ſieden verſaltz es nit

13. Ain aiſterlam zů machen

Nim ain lam zeůch die haůt ab bis aůf die klaen vnnd laſß jm die oren vnnd
fieſß vnd den ſchwantz mit ainem naſſen thůch das die har nit verbrinnent
das lam brat alſo gantz jn ainem offen aůff ainem bret vnnd wiltů das es
5 stand ſo ſteck jm ain ſpis am fůſß / ſo es ſchier gebraten jſt / ſo begeůß
mit airen vnnd thůs heraůs laſß kalt werden thů dan ain tůch das dreẏ span
lang ſeẏ voller půter vnnd verbints vnnd breſß důrch mit ainem brigel es
gat kraůs herdůrch wie rechtſchaff woll die nim dan vnnd mach dem lam ain
woll daraůs machs dan aůff ain ſchens bret / mach ain zan mit bůter darůmb
10 wie hernach folgt

14. Dempfft kaponer zů machen

Nim ain gůten kaponer oder mer beſteck den woll mit negella můſcatblie
vnnd nůſſen rerlach jmber vnnd nit vill ſaltz nim darnach ain zinnie kan-
ten darein man den caponen thon mag / verdecks woll das kain damf darůon-
gen můg / folgents geůs ain maſß rainfel oder malůaſier an den caponer /
5 ſetz die kanten mit dem caponen jn ain keſſel mit ſiedigem waſſer laſß 3
oder 4 ſtůnd darin ſieden vnnd vermachs woll das kain waſſer darein kindt
verſtreich das lid mit ainem taig vnnd bind ain klains leinis diechlin
darůmb ſo haſt ain gůt eſſen

15. Fůrheſß von ainer ganſß zů machen

Jtem nim den ſchwaiſß von genſſen nim die fieſß fligel magen kragen vnnd
ſeůds jn halb waſſer vnnd halb wein reib růckin brott reſts jn ainem
ſchmaltz nim den ſchwaiſß von ainer ganſß aůch daran vnnd wein vnnd ain we-
5 nig brie darin die ganſß geſotten jſt zůcker jmber pffeffer rerlach negel-

len / vnnd laſſ den pffeffer lang ſieden bis jn 3 ſtůnd ſo reſt ain wenig
zwiffel jn ainem ſchmaltz vnnd thů das ſchmaltz an pfeffer / vnnd wan dů
jn anrichten ſee jmber daraůff

16. Gefilt fegel zů machen

Jtem machs alſo nim klaine waldvegellen ergreiff ſÿ mit ainem finger vnnd
fils mit airen thů ain wenig geſtoſſen enis vnnd krametber darůnder das ſÿ
nit ſchmecken laſſ den vegellen die fieſß vnnd kopff ſteck ſÿ an ainen
5 ſpiſß vnnd prat ſÿ nit zů tir / vnnd mach ain ſieſſe brie an die vegel jn
die ſchiſſel mit rainfal alſo mag man die andern vegel aůch villen

17. Klaine fegellen ainzůmachen

Nim klaine vegellen ſeůdt die jn ainer fleſchbrie / darnach nim die ſelben
vegel ain tail vnnd ſtoß die jn ainem merſer thů aůch darzů ain wenig kra-
metper vnnd kimich vnnd ſtreichs důrch ain tůch / vnnd gewirtz woll laſß
5 dan ſieden jn ainer pfannen vnnd geůſß an die geſotten fegel folgents laſß
wider ain wall thon vnd anainander ſieden

18. Hiener jn roſmarin einzůmachen

Setz die hiener zů jn ainer fleſchbrie das die brie bloß jber die hiener
gang laſß ſÿ halb ſieden / vnnd laſß den roſmarin ains glidt langs am
ſteidlin / thů ain zimliche handtůol an die hiener aůf ain diſch vnnd nit
5 gar zůuil / das es nit pitter werd / nim darnach die leberlen alle von
hienern / ain sůdt thon jn der ſůpen / thů dan ain wenig gůt můſcatblie
daran laſß woll anainander ſieden bis důs anrichſt

19. Wilbrett jm pfeffer einzůmachenn

Ain friſch wilbret ſeůd jn zwaÿ tail waſſer vnnd jn wein / vnnd wan es ge-
ſotten jſt ſo ſchneids zů ſtůcken vnnd legs jn ain pfeffer laſß nůn ain
weil darin ſieden machs als ſo nim růckin brott ſchneit die herten rinden
5 darůon vnnd ſchneit das brot zů ſtůcken aines fingers tick / vnnd ſo brait

als der laib an jm ſelber jſt bren das ob dem feúr das es anfacht ann bai-
den orten ſchwartz wirt thú das von ſtúnd an jn ain kalt waſſer laſß nit
lang darin ligen thú es darnach jn ain keſſel / gúſß die brie daran darin
das willbret geſotten jſt ſeichs dúrch ain túch hack zwiffel vnnd ſpeck
10 gar klain laſß vnnderainander ſchwaiſen thú nit zú wenig jnn den pfeffer
gewirtz jn woll laſß jn einſieden thú ain eſſich daran ſo haſt ain gúten
pfeffer

20. Ain aingemachten rechſchlegel zú machen /

Spick jn gar woll vnnd brat jn fein gemach mach ain brie dariber nim ain
rainfal vnnd ain kerſſeltz vnnd zertreibs mit dem rainfel vnnd reſt ain
lezelten jn ainem ſchmaltz vnnd ſchneidt gút ſieſß epffel / mandel negel-
5 lach rerlach jmber weinber pfeffer zẏwiben vnnd laſß ales anainander ſie-
den wan dú den rechſchlegel an wilt richten ſo geús die brie dariber es
jſt gút wilt vnnd haimiſch ſchweinskepff alſo ainzúmachen ſeúd ſy in 2
tail waſſer vnnd das tritail eſſich

21. Haſſen jn fúrheſß

Nim den haſſen weſch den ſchwais jn wein vnnd eſſich jn ain ſaúbers ge-
ſchir hack dan den haſſen zú ſtúcken das fodertail ſeúdt jm ſchwais / nim
wein oder waſſer riers bis aúfgat jn dem ſchwais / damit der ſchwais nit
5 an ain knollen fall nim rúgin brot das klaingeriben jſt reſts jn ainem
ſchmaltz thú es jns fúrheſß gewirtz es woll aúch magſtu die lúngen vnnd
léber zú ſtúcken hacken / vnnd mit rúgen brot reſten vnnd jns fúrheſß
thon

22. Welt jr ain wilbret lang behalten

Wan es ain gantzer hirſch oder rech jſt ſo ziechet es aús vnnd thent das
jngewaid heraús vnnd henckens jn ain keller da kain lúfft darzú mag dar-
nach mieſt jrs all tag jnwendig vnnd aúswendig mit wein beſtreichen vnnd
5 thiet neſſlen oder deẏmenten darein wan jrs mit wein jnwendig aúsweſchet
mieſt jr wider friſch kraút dareinlegen ſo bleibts gar lang wan es dan

nůn ain ſtůck von ainem wilbret jſt legts jn ain můlter vnnd friſch neſſ-
len vnnd deymenten darůnder oder dariber vnnd beſtreichts all tag mit wein

23. Ain paſteten von kalbfleſch zů machen

Nempt das kelberin fleſch hinden ain diech zů procken vnnd ſeuds jn ainem
waſſer / vngefarlich ſo lang man herte air ſeudt darnach nims heraůs /
vnnd hack das fleſch klain vnnd nim ain faiſtin von ainem nieren vnnd
5 ſchneids klain vnnd hacks vnnder des kelberin / vnnd wan es klaingehackt
jſt / ſo thů es jn ain ſchiſſel / vnnd thů ain wenig ain wein daran vnnd
ain zimlichen ſchepfleffel voll fleſchbrie daran pfeffer vnnd ain wenig
můſcatblie die gantz ſeý erdrůcks ain wenig mit den henden das es ain we-
nig klain ſeý thů weinberlen daran vnnd ſaffern vnnd riers als mitt ainem
10 leffel důrchainander thů rerlach aůch daran vnnd verſůchs wie dich gůt
důnckt

24. Ain dorten von ainer leber

Leber nempt von ainem kalb oder lamm ſeůds bis ſý lind wirt nempt ain
fleſchbrie die faiſt jſt hackt aůch die leber klain vnnd thiet ſaltz jmber
vnnd pfeffer vnnd lats bachen

25. Jttem ain andere paſteten von wilbret

Nim das wilbret vnnd erwels vnnd ſpicks woll ſaltz vnnd pfeffers woll
ſůnſt kain gewirtz daran vnnd mach den taig wie ſonſt zů ainer baſteten
aber mach kain haffen zů dem wilbret / mach ain broten fladen vnnd legs
5 daraůff vnnd jberſchlags wie ain krapfen vnnd mach ain feins krentzlin
vmber vnnd laſß bachen vnnd thů ain wenig ain ſchmaltz darein die jſt peſ-
ſer kalt dan warm

26. Wiltů ain paſteten von klaine fegellen machen /

Nim die fegellen allſo raich vnnd nim ain gelegt fegellen vnnd ain geleg
ſpecklen bis die paſteten voll wirt vnnd ain wenig weinper aůch darein

vnnd laſß ain wenig bachen / vnnd thůo ain klains trepfflin gůten wein dar-
an / ſo jſt es gemacht haſt aber kain friſchen putter nim ain faiſtin von
ainem oxen

27. Wie man kaponerkrapfen machen ſoll

Nempt das bret von 2 hennen wens geſoten jſt hackt es fein nempt ain bar-
miſankeſß geriben darůnder vnnd gilbts vnnd rierts důrchainander / jr ſolt
aůch můſcatblie vnnd pfeffer dareinthon macht darnach ain taig an / macht
ain tinnen blatz vnnd thiet die obgeſchribne fille daraůff vnnd formierts
zů ainem krapfen vnnd dient die 2 zipffel zůſamen / ſiedts jn ainer fleſch-
brie wie hert geſottne air vnnd gebts warm

28. Ain eſſen von leberlach

So nempt ain leberlin von ainem lemlin vnnd ſchneiden ſticklen jn greſſe
wie kalbsmillichlach vnnd ſchlagens vmb ain yedlichs ain lamsnetzlin vnnd
ſteck es an ain ſpiſſlin vnnd brat es aůff ainem roſt wie ſpiſßvegellen

29. Welt jr gůt leberwirſt machen

Erſtlich nempt ain viertail von ainer ſaůleber aůch ain viertel von ainer
lůngen von ainer ſaů hacken ſy klain ſchneiden darnach ain ſpeck gewirff-
let klain vnnd thiet ſaltz vnnd kimech daran die leber vnnd die lůngen
můſß man zůůor erwellen ee mans hackt / vnnd darnach von derſelbigen brie
an das geheck gieſſen ſoůil dich gůt důnckt darnach můſtů den affterdarm
aůs der metzg nemen vnnd ainſtoſſen ſo haſt gůte wůrſt

30. Welt jr gůt geſaltzen zůngen machen ſend am peſten zů
machen jm janůaren ſo bleiben ſy das gantz jar

Erſtlich nempt 25 zůngen oder wieůil jr welt vnnd nempt aine nach der an-
dern vnnd ſchlagſt hinden vnnd vornen aůff ainem hackplock / ſo werden ſy
lang darnach ſtoſt ain ſaltz klain vnnd kert die zůngen jn ainem ſaltz vmb
/ nempt darnach ain fein ſchefflin vnnd thent vnnden am boden ſaltz / legt

darnach ain gelett zūngen / zūnechſt anainander darnach thent wider ſaltz
darauff das es gantz weiſß vor ſaltz ſeÿ / alſo legt allweg ain glet zūn-
gen darnach ſaltz bis jrs gar hineingelegt habt darnach ſchwerens woll zū
das die brie daribergang / vnnd lands 50 tag lang ſtann darnach henckens
jn rach 4 tag ſend ſÿ gnūg gerecht / hencken darnach an lūfft ſo habt jr
gūt digen zūngen

31. Wiltū ain gūt fūrmūſß machen

Jtem nim ain hirn vnnd laſß ain gūten wall thon erklaūbs ſchen nim ain ge-
ribne ſemel vnnd ſchlag air darain aūch ain milch gewirtz ſaffera vnnd et-
was grens thū ain ſchmaltz jnn ain pffanen vnnd reſt es woll ſo jſt es
recht

32. Lūngenmūſß zū machen

Seudt die lūngen hacks klain reſts jn ainem ſchmaltz ſchlag air daran thū
gewirtz vnnd fleſchbrie daran ſo jſt es berait

33. Stockfiſch zū machen kompt vonn meinem gnedigen herren zū linido biſchoff zū coſtentz geweſt

Erſtlich nempt ain lechwaſſer vnnd ain eſchen vnnd ſetzt ain kalckes an /
des zimlich reſß ſeÿ / vnnd waichent den ſtockfiſch darein laſt jn ain
nacht vnnd ain tag waichen darnach thiet dasſelbig herab vnnd thiet von
dem vorigen kalckes wider daran / laſt es wider ain tag vnnd ain nacht
waichen / thiet jn darnach jn ain haffen vnnd weſcht jn aūſß 2 oder ·3·
waſſer damit der ſtockfiſch nit nach der laūg ſchmeck / thiet jn darnach
jn ain haffen vnnd thiet ain waſſer daran vnnd laſſt jn fein gemach ſie-
den das er nit jberlaūff / laſt jn nūn gar gemach ſieden ſonſt wirt er
hert laſt jn vngefarlich ain gūte ſtūnd ſieden / darnach richt jn an vnnd
ſaltzt jn vnnd gieſt ain geſaltzen pūter dariber vnnd tragen fūr / aūch
thiet aūſſen vmber an ·3· ortten gūten ſenff man mūſß aūch den ſtockfiſch
woll blūen ee man einweſſert

34. Kreps ainzůmachen /

Seůd die kreps woll / thů das hinder vnnd vorder die ſchelffen darůon vnnd
ſtoß jn ainem morſer klain / nim dan ain gebeten ſemel vnnd thů daran ain
erbisbrie vnd treibs als důrch ain ſaůbers tůch / oder engen důrchſchlag
5 vnnd ain wenig gůten wein ſaltz vnnd temperiers mit gůtem gewirtz ſaffera
rerlach jmber zůcker nim ain ſchmaltz rier ain mel darein geůſß die důrch-
geſchlagen kreps daran laſß ſieden darnach ſee zůcker daraůff jſt ain gůt
herneſſen

35. Wie man ſůltzfiſch machen ſoll

Nempt hecht vnnd karpffen vnd thetens ab vnnd ſchindens / die ſchieben
daruon vnnd machen die fiſch zů ſtůcken / vnnd weſchents rain vnnd ſaů-
ber / thents jn ain ſaůbere můlter / thent die ſchieben jn ain pfannen
5 vnnd ain wein daran lands woll ſieden / darnach treibens důrch ain peůtel-
tůch woll důrch thent darnach die fiſch jber vnnd thent des durchtriben
jſt daran / darnach dent ain gůten wein daran vnnd wan jrs gůt machen welt
mügt jr woll ain maſß oder 2 malůaſier daranthon darnach jr vill machen
welt vnnd gilbens woll vnnd ſaltzen verſůchents lands ſieden bis gnůg jſt
10 / darnach legen die fiſch aůs jn ain ſchiſſel vnnd beſeen vor die ſchiſ-
ſel mit můſcatblie rerlach vnd weinberlach darnach dient die brie jber
vnnd thent zůcker jmber rerlach daran vnd verſůch bis es gůt jſt darnach
ſchittens an die ſchiſſel werffen mandel darein ſo vill jrs geren haben
welt / wan jr fůrchten daſß nit geſtan werden ſo mügt jr ain wenig ain
15 haůſenblater darin ſieden laſſen wir haben gemacht 2 ſchiſſel aine von 8
ſtůcken aine von 6 ſtůcken haben darzů paůcht 4 maſſ gůten altten wein
wirtzburger vnnd 3 ſeidlen maůaſier

36. Ain baſteten von fiſchen forchine karpffen
ſelbling brexine zů machen

Thiet den fiſch aůff vnnd thiet das jngewaidt heraůs / vnnd ſchneidt
ſchnitz jberzwerch darein laſß den fiſch ſonſt gantz nim pfeffer jmber
5 miſch woll důrchainander vnnd ain wenig negellen vnnd ſaltz den fiſch jn-
nen vnnd aůſſen woll nempt ain půtterſchmaltz oder ſonſt ain ſchmaltz vnnd
thů es jnnen jn den fiſch vnnd aůſen daraůf mach die paſteў wie den fiſch
vnnd laſß bachen

37. Wiltů ain all jn ainer gelben brie machen

So mach den all wie er gemacht ſoll werden mach ſticklach daraůs vnnd
weſch jn ſaůber darnach thů jn jn ain waſſer vnnd ſaltz jn woll das des
ſaltz fůrſchlag / ſeůd jn halb ab darnach ſo thů das waſſer ſaůber herab
5 vnnd mach gar ain gůte gelbe brie dariber mit wein vnnd das / das gewirtz
wol fůrſchlag vnnd ſeůd jn jn derſelbigen brie gar ab ſo jſt er gekocht

38. Ain fiſch zů machen geſotten gepraten vnnd gebachen

Machs alſo zeůch die derm heraůs důrch die airen / vnnd ſchneid jm ein
wenig den baůch aůff / nim ein ſchen weiſß leinin tůch vnnd wind das mit-
ten vmb den fiſch ſchneid krinellach vmb den schwantz ſaltz jn wirff mell
5 daraůff vnnd thů ſaltz aůch jn fiſch / vnnd leg jn aůff ain roſt hab wein
vnnd eſſich jn ainer pfannen / das die brie ſiedt vnnd woll geſaltzen ſeÿ
begeůß den fiſch aůff das diechlin ſo gat die brie dardůrch aůff den fiſch
ker jn offt vmb begeůß das tail mit ſchmaltz daran das mell jſt wůrffs
daraůff vnnd das foder laſſ alſo praten / bewar yedes tail nach ſeiner
10 maſß / ſo wirt das geſotten tail ſchen vnnd gut wart ſein nůn woll mit dem
gieſſen vnnd der glůt vnnd wan er alſo geſotten gebachen vnnd gepratten
jſt ſo thů das tůch wider daruon / gibs kalt oder warm

39. Ain hecht zů machen jn ainer vnngeriſchen brie

Nempt den hecht vnnd ſchint jn / vnnd macht jn zů ſtůcken nempt ain gůten
wein ſchneit epffel fein klain laſts darin ſieden ain halbe fiertelstůnd
alsdan legt den hecht darein / vnnd laſt jn darinnen ſieden vnnd gewirtzt
5 jn / thiet ain acht lemonin darein vnnd ain wenig ain ſcharpfen eſſich
vnnd gilbt jn / vnnd land jn ſieden bis er gnůg geſotten jſt

40. Gefilt hecht

Gefilt hecht mach alſo ſchneid den hecht an der ſeiten ain wenig aůff
greiff mit einem meſſer hinein ſchneid jn den grat am nacken ab vnnd ſchel
den hecht aůs aůs der haůt / das die haut gantz beleib nim dan den hecht
5 thů die gret darůon hack das pret thů darein milch vnnd ſchwais vom karp-

fen vnnd gewirtz vnnd fill es wider jn die haūt doch das der kopff vnnd
der schwantz an der haūt bleib verſaltz jn nit / vnnd nee dan mit grober
ſeidin wider zū vnnd brat jn ob ainem roſt vnd wan er gepraten jſt / ſo
zeūch dan den faden wider heraūs

41. Wie man oſterg machen ſoll

Oſtergi waſcht ſaūber ſÿ ſaūber vnnd thūts aūf ſaltzts vnnd pfefferts /
vnnd legts aūf den roſt jn den halben ſchalen darin jr gefonden habt vnnd
gieſt pūtter daraūff als jn der ſchallen vnnd laſt es jn ainer gūten glūt
5 pratten / als ainer ain bar air jſet / alsdan gebts aūf den tiſch warm
das der pūtter darbeybleibt

42. Ain ſūltz aūf ainem rad zū machen
kompt vom kochmaiſter simon

Erſtlich nim die brie vom karpfen vnnd hecht geſotten vnnd nempt ain haū-
ſennblatter darūnder / vnnd laſt die brie ſieden nempt zūcker jmber pfef-
5 fer zimerrerlen vnnd gilbts / verſūchs / machs wie es dir woll gefalt /
darnach laſß dūrch denn ſack laūffen / bis es laūter wirt darnach laſß
ain ſchefflin machen wie braid das rad jſt / vnnd vngefarlich ain handt-
brot tieff / vnnd ſetzt das rad darein / darnach / mieſt jr die brie /
daraūffſchitten vnnd wans geſtatt ſo laſt das ſchefflin erſchlagen / vnnd
10 thiet das rad daraūß vnnd ſetzt es wider aūff das ſtefft / die forchine
mūſß man oben aūff die ſpitz machen wie vor ſtatt wie mans ſoll ſieden
darnach das vnnder eiſſin ding / laſt jn ain ſchiſſel den goldtſchmid dar-
ein beſtetten vnnd macht vnnden ain weiſſe sūltz macht ſchwartz būchſtaben
darein / was jr welt vnnd gieſt ain braūne sūltz dariber wan die weiſſ ge-
15 ſtanden jſt / ſÿ mūſß aber gar laūe ſein / damit die weiſß ſūltz nimer er-
gang / vnnd ſecht das die ſūltz ob dem rad gar woll geſterckt ſeÿ / ſonſt
beleibts nit / ſo jſts ain ſchen aūffſetzen /

43. Ain ſchiſſelmūſß zū machen

Ain ſchiſſelmūſß zū machen ſo klopff air vnnd milch vnnderainander nitz
ain zinnie ſchiſſel thū ain ergangen ſchmaltz darein ſetz aūff ain roſt /

da glieent kollen darunder ſeind ſchitt die air vnnd milch jn die ſchiſ-
ſel / vnnd deck ain ſchiſſel dariber / vnd wan die ober ſchiſſel ſchwitzen
wirt ſo muß man das waſſer mit ſaubern diechern abwiſchen vnnd wider zu-
decken bis es geſtat ſo muſß man ain ſchmaltz haiſß machen daribergieſſen
vnnd wider abſeichen das oben braun wirt

44. Ain eſſen von erbis zu machen

Seud erbis das ſy mieſſig werden thus jn ain durchſchlag / treibs durch
wie ain mandelmilch ſaffern jmber rorlach treib damit durch ſo ſichts
gleich wie ain wurm vnnd ſee zucker darauff vnnd gibs kalt fur

45. Ain kachelmuſß zu machen

Nim milch vnnd airdetterlach gleich / nim ain ſchmaltz laſß jn ainem hef-
fellin zergann geuſß die milch vnnd airdetter darein laſß jn ainem ſiedi-
gen waſſer ſtan vnnd legs fein mit ainem eiſſin leffel mit ſticklen jn die
ſchiſſel man haiſts auch zuzeiten ain milch jn ainem heffelin

46. Ain kreittertorten zu machen

Nim ain handtuol ſalua ain handtuol maſeron vnnd ain wenig lafendel vnd
roſmarin auch ain handtuol mangoldt vnnd hacks durchainander nim 6 or
zucker rerlach negellach weinber vnnd roſennwaſſer vnnd laſß jn bachen

47. Ain gut semeelmuß

Nim ain geriben brot von ſemel zertreibs jn ainer pfannen mit flaiſchbrie
laſß anainander woll ſieden das es mieſig werd darnach nim 4 airdetter mit
kalter fleſchbrie vertriben vnnd laſß vnnderainander ſieden

48. Ain grene torten

Nim mangoldt zopf jn wie ain kell nim darzu petterling ſalua vnnd maſeron
das hack alles vnnderainander reſt es jn ainem ſchmaltz nim 5 air ain ge-

ribes brot riers aūch darein thū zūcker darein vnnd gewirtz vnnd mach ain
bletlin wie zū den kūtelflecken thūts kraūt daraūs vnnd bachs wie ain an-
dere torten

49. Holdermūſß von blie zū machen

Nim holderblie laſß jn ainer milch erſieden vnnd treibs dūrch / mach ain
herten taig von air vnnd mell vnnd welgle jn jn dinnen pletter ſchneid
jn / jn wirmlens weiß vnnd thūe die jn die milch ſaltz vnnd ſchmaltz vnnd
laſß ſieden

50. Ain blau mūſß zū machen

Stoß korenplomen drūcks dūrch ain tūch mit waſſer magſt ain mandel aūszie-
chen dieſelb milch jſt bla darnach mach ain mūſß mitt

51. Ain feigenmūſß zū machen /

Thū ain wein jn ain heffellin vnnd wan er ſieden wirt ſo thū geriben le-
zelten vnnd geriben ſemel daran / ſaffera mandel weinber feigen thū darein
vnnd ain wenig ain ſchmaltz

52. Weinmūſß zū machen

Nim ain geriben ſemelmell brens jn ainem ſchmaltz bis reſch wirt thū gūten
wein vnnd airdottern daran vnnd machs mit zūcker nach deinem willen /

53. Ain gūt mandelmūſß machen /

So ſtoſß den mandel faſt woll thū jn jn ain ſchiſſel vnnd geūß ain gūten
ram daran nit zūvill zertreib den mandel faſt woll / das er glat werdt
thū zūcker daran vnnd laſß nit lang ſieden ſo dū es anrichtſt ſee zūcker
daraūff ſo jſts ain herrenmūſß / 3 vierdūng aūff ain diſch

54. Weixelmůſß zů machen

Treib die weixlen důrch / gleich als welleſt ain ſeltz ſieden nim ain geribne ſemel reſts jm ſchmaltz nim das důrchtriben ſchitt es darein laſß ſieden vnnd machs mit zůcker ſieſß

55. Ain weinbermůſß machen /

So ſtoſß die weinber důrch mit ainem gůten wein / doch ſollen die weinber vor woll gewaſchen ſein nim das důrchtriben vnnd ſeůds wie man ain můſß ſeůdt vnnd mengs mit wein vnnd thů zůcker zimetrerlach vnnd ain wenig jmber daran darnach dů es ſieſß oder ſtarck haben wilt

56. Wiltů ain mandelkeſß machen

Nim ain halb pfůnd mandel vnnd ain roſſenwaſſer vnnd zucker ain půtterſchmaltz vnnd ſetz jn jn ain ſchiſſel vnnd geůſß ain mandelmilch daran oder darjber ſo jſt er gemacht

57. Ain mandelmůſß zů machen

Nim ain pfůnd mandel ſtos jn klain ſo dů kanſt darnach holder .2. ſemlen aůs vnnd waichs jnn ain ſieſſen ram vnnd riers vnnderainander vnnd thů ain roſſenwaſſer daran ſo jſt es ain gůts kalts můſß

58. Ain gůt birenmůſß zů machen

Seud die biren jn ainem gůten wein vnnd treibs důrch vnnd thů rerlach negellach vnnd zůcker daran vnnd ain gereſte ſemel ſo jſt es gemacht

59. Ain rammůſß zů machen

Nim 3 qůertlen ram vnnd von 20 airen das weiſß darůon / klops woll vnnderainander thůs jn ain neẅen haffen / vnnd riers vmb thů ain gůte glůt weit vom haffen dů magſt es kalt oder warm geben wan mans anricht ſee zůcker daraůff

60. Weinbermůſß machen

Mach die weinber vor ſaůber vnnd waſch ſo ſchen vnnd drůck ſy aůs / nim
ain wenig thů ſchmaltz darein thů es jber das feůr gleich wie ain gewal-
len wein vnnd reib ain ſemel klain darein langſam das es nit knollet wer-
5 de vnnd laſß ſieden vnnd richt es an / vnnd ſee zůcker daraůf ſo jſt es
gůt

61. Die aůffgelaffnen weixlen zů bachen

Nim ain hais waſſer leg ain ſchmaltz darein als ain bamnůſß / vnnd wan das
ſchmaltz ergangen jſt ſo mach ain taig mit mel der dick ſey ſchlag jn bis
er platern jberkompt darnach mach jn ring vonn weiſſen vom aý magſt woll
5 ain ainig ortotter aůch dareinthon bind alweg 4 weixlen zůſamen ſtoſß jn
tog bachs ridtlen die pfannen ſo gandt ſy aůff das ſchmaltz můſß woll hais
ſein

62. Die aůffgelaffen epffel zů bachen

Nim milch vnnd ain wenig ain waſſer darůnder machs woll hais / das du ain
finger woll darinnen erleiden magſt mach ain ſtarcken taig mit mell ſchlag
jn bis er blateren gewint leg air jn ain warm waſſer vnnd mach den taig
5 woll ring mit / ſchneidt die epffel růnd vnnd aůfs allertinneſt zeůchs
důrch ain taig vnnd ſtreichs mit ab rittel die pfannen ſo gendt ſy aůff /
vnnd das ſchmaltz můß woll hais ſein ſo werden ſy gůt vnnd laffen ſchen
aůff

63. Welt jr blomenſchir machen

So nempt die brůſt vom kaponer dieweil er lebendig jſt / vnnd legs jn ain
kalt waſſer / darnach brie es jn einem warmen waſſer / darnach ſetz es jn
ainem heffelin zů / vnnd laſß ſieden ſaltz nichts darein vnnd wen es hal-
5 big geſotten jſt thůs raůs aůff ain ſchiſſel / wans kalt wirt ſo zopf das-
ſelbig bret fein klain wie ain faden / darnach nim ain halb pfůnd reis
klaůb jn / vnnd waſch jn ſaůber / vnnd laſß jn widerůmb tir werden / als-
dann thů jn jn ain morſer vnd ſtos jn woll ſo wirt mell daraůs / das las
důrch ain ſiblin laffen / vnnd dasſelbig mel jn ain ſaůber keſſellin oder

10 pfannen / das zopft vom kaponer darůnder darnach nim ain ſieſſe milch /
vnnd ſeůd ſy jn einem ſaubern geſchir alsdan ſetz die milch vnnd das reis-
mel nebenainander aůff glieent kollen vnnd geůß die milch fein gemach dar-
an vnd rier es fein gemach mit ainem hiltzin leffel jmer ein wenig an das
reismell vergeůs es nit / vnnd las es ſieden bis es dick wirt / vngeferlich
15 wie ain waitzerbrey vnnd wirf woll zůcker darein / vnnd ain wenig roſſen-
waſſer / vnnd thů es aůff ain ſchiſſel ſaltz ain wenig darein / wan du es
kalt wilt geben ſo laſß erkalten vnnd wan es erkaltet jſt ſo legs fein mit
einem eiſſin leffel heraůs zů ſtůcken jn ain ſchiſſel magſt es woll warm
aůch geben magſt aůch krepfflen daraůs machen

64. Ain torten von pflamen ſy ſeÿen dir oder gren

Laſt ſy vor ſieden jn ainem wein vnd treibs důrch vnnd nim air zimerrerlach
zůcker laß bachen den taig zů der torten hept man alſo an man nimpt 2 air
vnnd erklopffts darnach riert ain mel daran bis es dich wirt ſchit jn dar-
5 nach aůff den diſch vnnd arbait jn woll bis er recht wirt hernach nempt ain
wenig mer dan den halbtail vom taig vnnd welglet ain blatz ſo brait jr die
torten haben welt hernach ſchit die pflamen daraůff vnnd welglet hernach
den andern blatz vnnd zerſchneit jn wie jr jn geren haben welt vnnd thiets
oben jber die torten vnnd zwicklens woll zůſamen vnnd laſts bachen alſo
10 macht man all tortentaig

65. Ain erbertorten zů machen

Mach das bedellin vnnd laß erſtarcken jn der tortenpfanen / darnach nim die
erber vnnd legs daraůf vmber aůfs allernechſt zůſamen darnach zůckeres woll
aůfs allerbaſt laß darnach ain klain weil bachen geůß ain malůaſier daraůf
5 vmber vnnd laß ain weil bachen ſo jſt er gemacht

66. Wiltů keſßkiechlen bachen

So reib ain gar gůten keſß barmiſan thů ain geriben ſemelbrot darein bis er
gar tick wirt darnach ſchlag air darain bis es ain feins taiglin wirt dar-
nach mach růnde kigellen wie die briete kiechlen jn derſelben greſſin vnd
5 laſß langſam bachen ſo ſend ſy gemacht

67. Ain reistorten zů machen

Nim ain fierdůng reiß vnnd ſeud jn jn ainem waſſer vnnd nim ain wenig man-
del vnnd ſtos es klain vnnderainander vnnd ſchlag air darein vnnd wan er
ſchier gebachen jſt ſo geuß ain haiß ſchmaltz daraůff ſo wirt ain herts
5 renfftlin ſo wirt er gůt

68. Ain mandeltorten zů machen /

Nim ain fierdůng mandel vnnd ſtoß jn klain / darnach nim den mandel halb
vnnd mach ain qůertlin milch daraůs darnach nim 15 ortetter vnnd klopff
die milch darein darnach nim die jberigen mandel vnnd ain leffel voll
5 zůcker vnnd riers jn die air vnnd milch / darnach nim friſch ſchmaltz vnnd
laſß jn ainer pfanen zergen / vnnd thů das darein vnnd laſß ſieden bis es
dick wirt wie ain můſß / ſtreichs darnach aůff / vnnd thů ain wenig ain
ſchmaltz daraůff ſo jſt er gůt ſee zůcker daraůff

69. Birentorten zů machen

Nim die biren vnnd ſchels ſchneids dan bachs jm ſchmaltz thůs jn ain mor-
ſer vnd ſtoſß ſý klain ſtoſß ain roſſenzůcker daran vnnd roſſenwaſſer /
thů daran jmber negellen rerlen zůcker verſůch es mach ain boden wie zů
5 den andern torten mach kain deckin daraůff vnnd bachs reſch

70. Gůt lezelten zů bachen

Nim am erſten ain pfůnd zůcker ain qůertlin geleůterts honig nit gar ain
fiertellin mell / nim 5 lot rerlen 3 lott negellen 4 lott kerner / geſtoſ-
ſen die andere wirtz ſchneid aůffs klaineſt die rerlen aůfs grebeſt ge-
5 ſtoſen thů jmber aůch darein / vnnd thů zůcker in das honig laß es mitain-
ander ſieden thůs mell jn ain můolter geůſß die kerner am erſten ein dar-
nach den jmber vnnd dan die andern wirtzen

71. Ain grossen nierenberger lezelten zů machenn

Nim ain maßß honig vnnd aůch ain halben vierdůng zůcker thů jm wie mit
den klainen lezelten nim ain 1/2 fierling mell vnnd dan gewirtz wie nach-
folgt 1 lot rerlach 2 lott negellach 3 1/2 lot můscat 8 lot jmber 1/2 lot
5 můscatblie růrs gemach vmb darnach well jn ain wenig aůßß bach jn wie die
klainen lezelten

72. Ziwibentorten zů machen /

Nempt ziwiben wescht sý jn ainem wasser vnnd reibt sý zwischen den hen-
den wie man die stengel von weinberlen reibt seicht das wasser darůon
das sý wider trůcken werden reibs so lang das die schwartzenn heůtlen
5 trůcken werden / alsdan so klaůbt sý vnnd bůtzt sý fein vnnd thiet zůcker
vnnd zimerrerlach darůnder

E.

DRUCK

AMBERG A. 1598

1. Ein gute brüh vber geſottens vnd gebratens.

BEhe weiß brot nach dem du bedarffſt / nicht zu braun / weichs in gute
fleiſch oder hünerbrüh / haſtu es nicht / vnnd du es zu gebratens wilt /
ſo nimb es auß der bratpfann / doch daß ſie nicht verſaltzen / auch nicht
zu feiſt ſey: treib es durch mit ſo vil geſtoßnen Mandeln alß brot / mach
es rechter dicke: Wiltu es zu geſottenem / ſo färb es mit Saffran / zu-
ckers: wiltu / wirff Weinbeer oder Dräubel darein: Wiltu es zum gebratens /
ſo färbs mit roter Triſaney / oder mit Lebkuchenmeel.

2. Ein ſüplein in Bruſt / Lunge / Nieren vnd Darmgeſchweren.

VErtreib einen Dotter von einem newgelegten Ey / wenn es möglich / das al-
lererſt von der Hennen käme / in einer ſchüſſel mit einer guten feiſten
Koppen oder ſchwartzen Hennenbrüh / die vngeſaltzen / je feiſter je beſ-
ſer / iſt ſie nicht zum feiſten / ſo thu von einer friſchen butter / ſo
noch inn kein waſſer kommen / darein / Geißſchmaltz iſt am beſten / laß
nicht mehr ſieden / die brüh ſol zuvor ſieden / gibs offt / ſie weicht /
reiniget vnd heylet.

3. Ein anders / wie ein Haberſüplein.

REibe brot / das ſo hart iſt wie ein käß / geuß aber waſſer vnnd was du
wilt / auch ein wenig eſſig daran / zu zeiten in gifftigen faulen Fiebern
ſind ſaure ſuppen von dem eſſig nutz / thu es zum fewer / wenns wol ſeud /
ſo mache ſchmaltz heiß / wirff das geriebene brot darein / vnd laß nicht
lang röſten / bloß vmbgekehrt / vñ thu es in die brüh / laß wol ſieden /
vnd gibs.

4. Ein gute brüh vber allerley kalte Fiſch.

NImb klein geſtoſſene Mandeln / broſamen von weiſſem brot / vber die geuß
ein wenig friſches bruñenwaſſer / treib das brot vnd Mandeln mit der fiſch-
brüh durch: iſt aber die brüh ſüß wie inſonderheit die von Salmen / ſo nimb
des ſtärckſten Weins ein löffel voll drey oder vier darunter / mach es in
rechter dicke / färb es mit Triſanet vnnd Lebkuchenmeel / würtz es wol mit

ſüſſer würtz / laß ein wall thun / vnd wider kalt werden / darnach geuß
in die Fiſch: oder / ſo du wilt / ſo mach ein ſolche brüh / vnd ſeud Eyer
hart / nimb das gelb herauß / ſpick es mit Zimmet vnd Nägelein / leg es
10 inn die brüh / ſo du dann wilt / ſo ſchneid das weiß zu lang dünnen riemelein / vnd mach es hin vnnd wider zwiſchen den gelben Eyern. Diß iſt ein
herlicher Salat / da etwann auch ein krancker von eſſen darff. Dann wan̄ zu
zeiten die krancken ſo gar von allen ſpeiſen kommen / muß mann jhn offt
laſſen das wider die krancken iſt / nur daß man der natur ein auffenthalt
15 gebe. Auch iſts im Durchbruch nicht ſchädlich / die harten Eyer ſtopffen.

5. Ein kalte Sup / für alte vnd ſchwache leute.

NIm Malvaſier oder den beſten Wein / ſo du haſt / vertreib Saffran mit
ſchönem Zucker darein / etwan auch geſtoſſene Zimet oder Muſcatnüß /
ſchneid brot in ſchüſſel zimlich dick / oder behe ſchnieten auff dem Roſt /
5 geuß den bereiten wein darüber / wenns wol weich iſt / gib es / es kräfftigt faſt / morgens vnnd abends / oder vnter den malzeiten iſt in kalten
Magenrühren faſt gut / ſonderlich wenn man das brot heiß auß dem ofen in
wein legt.

6. Ein herrlich Eſſen von allerley Fleiſch.

NImb von einem Kalb / Hammel oder Schwein den Qualen oder Schlägel / heuts
wol / ſo viel du bedarffſt / alſo auch ein Lendenbraten / wie es dir zu
handen ſtöſt / wilt du / ſo magſtu es etliche Tag in Eſſig legen / nach
5 gelegenheit. Nims waſch es ſauber / hack es klein / mit wol Rindern Marck /
nimbs dann in ein Geſchirr / thu gnugſam ſüſſe Würtz darein / Nägelein ein
wenig / aber ziemlich Muſcatnuß / gnugſam Roſinlein / Weinbeer / Zibeben /
wiltu / ſo nimb geſchnittene Mandeln / wiltu / auch Saffran vnd Zucker /
ſaltz es recht knitt es alles mit den händen wol durcheinander / darnach
10 thu es in eine tieffe kachel / die ein beheben deckel hat / thu halb Wein
vnnd Waſſer daran / es were dann im Eſſig gelegen / ſo thu nur Waſſer darüber ſo viel du dann denckeſt daß dir von eim Quart einer Maß minder oder
mehr von dem des Zeugs verbleib / du magſt auch wol kleine Vögel mit zu bereiten / ſo wol auch junge Hüner vnd Tauben / jedoch nach Gelegenheit /
15 wann es genug geſotten iſt (Du muſt aber gedencken / wie vil ſtund ein je-

des Fleiſch / daß du nimbſt / habē muß / das es recht geſotten iſt) ſetz
es auff ein Kohl / daß es hinden vnd fornen gleich ſiede / gantz wol be-
deckt / biß du gedenckeſt / es ſey numehr bald geſotten / ſo ſtell es ein
wenig bey das Fewer / laß es ein wenig ſtehen / alsdann deck es ab / vnd
20 ſihe darzu / es dempfft ſonſten gleich die beſte Krafft auß / hat es dann
noch zu vil brüh / ſo ſihe was jhm gebricht / ſaltz oder würtze es beſſer /
vnd ſchür jhm wider zu / es wird auch alles wider beyſammen an einem Stück
ſeyn / ſo nimb ein Kochlöffel / der nicht zu groß / vnd brichs mit zu ſtü-
cken / ſo groß als ein Ey / geliebt es dir / ſo laß gantz biß auff den
25 tiſch / vnd laß alſo gemach oder ſtarck ſieden / nach dem der brüh vil
oder wenig / wann du es fürtragen wilt / ſo machs ſchön hauffrecht in die
Blatten oder in ein Kohlhafen / beſtrew es mit Zimet / daß das Fleiſch be-
deckt iſt. Es gehöret zum voreſſen.

7. Ein ander Form Fleiſch zu bereiten.

NImb ein Hun oder Koppen / gut jung Hammel oder Schepſenfleiſch / eines
allein / oder alles zuſamē / laß gantz / oder aber hawe es zu kleinen
Stücken / wie es ſich gibt / thu es in Waſſer / laß ſieden / ſaltz es
5 nicht zu hart. Merck / wie mehr gemelt / das du bey den Kräfften behalten
wilt / es gehöre zu Suppen oder andern Sachen / ſo deck es geheb zu / ſetz
es nicht zu nahe bey das Fewer / ſo laufft nicht über. Wann der Zeug ge-
nug geſotten / ſo nimb wol geſchlachter Quitten / die ſchneid in vier theil
/ raum die Butzen wol auß / ſo viel dir geliebt / waſch ſchön / thu es in
10 ein Tiegel / darzu Hüner oder Fleiſch / vnd dann die beſte vnnd weiſte
Brüh / was recht / decks / ſtells auff ein Glut / laß gemach kochen / biß
die Quitten lind werden / ſo richts an / ſihe daß du die Schnitten gantz
behelteſt / vnd allenthalben die auff vnd neben das Fleiſch vnd Hüner. Vnd
alſo magſtu es mit guten Birnen bereiten / diſe aber kochen länger dann
15 die Quitten.

8. Hüner in einer Paſteten.

BEreite die Hüner biß an den Spieß / ſchupff ſie aber vorher wie du weiſt /
ſpicks ſchön mit kurtzen Specklein vnnd Fett / brate ſie bey einem ſtarcken
Fewer ſchnell vnnd ſchön braun / du wolſt ſie dann für einen krancken / ſo

betreuffs mit einem ſchmaltz / verſaltz es nicht / alsdann legs in einen
Paſtetenhafen mit Weinbeer vnnd Zwifeln vnnd ſüſſer Würtz / Saffran / Zu-
cker vnnd Zimet wol anbereitet / ſampt Feiſten was es bedarff / oder was
darauß tropffet / vnnd allezeit gerieben Brot an den Boden / wiltu gern
ein wenig grün Kraut darein ſchneiden / ſo iſt es faſt gut / laß alſo ver-
macht ſtehen / laß bachen / biß der Hafen erhartet / ſo habe Wein vnd die
brüh darinnen ſie geſchupfft / ſchupffs in halb Wein vnd Waſſer / da wer-
den ſie am beſten / in allweg machs ſiedend / geuß darein was von nöten /
wie du offt gelehret worden / laß auff eine halbe ſtund bachen / wiltu
dan̄ / ſo laß allen ſüſſen zeug herauſſē / vnd ſchneid genugſam geſaltzene
Lemonien darzu: In dem Sommer magſtu die ſawren Drauben oder Stichbeer dar-
zu nemen / pfeffers vnd Würtz es. Vnd alſo magſtu die Hüner je alſo dann
alſo machen / dann wo man der ſachen vil kocht / muß man es jmmer verän-
dern / ſo auch in andern trachten.

9. Ein faſt gut Eſſen von kleinen vnd groſſen Vögeln / ſonderlich wann ſie alt ſeynd.

NImb die Vögelein / ſo man Spießvögelein heiſt / als Fincken vnd derglei-
chen / bereit vnd waſch ſie ſauber auß / thu halb Wein vnd Waſſer daran /
vnnd laß einen wall thun darnach wirffs in heiß Schmaltz / machs braun /
vnder deſſen ſchäle ſüſſe Aepffel / oder andere die ſo hart ſind / daß ſie
nicht leichtlich zu einem Brey werden: Du magſt auch wol Birnen nemen /
die gar ſüß vnd geſchlacht ſind / ſchneits wie Ruben / nit gröſſer / wirffs
darnach ins heiſſe Schmaltz / vnd machs ſchön Braun / nach demſelben ein
wenig weiß brot / thu den Zeug allen miteinander in eine kachel die recht /
vnd thu ſüſſe Würtz / ſampt Saffran vnd der brüh darin du die Vögel ge-
ſchupfft darzu / iſt der nit genug / mehr es mit Wein vnd Fleiſchbrüh / laß
kochen wie recht iſt / daß ſie ein brühlein haben / als wann man ein zarte
brüh von geſchnittenē Mandeln vnd ſolchs Zeugs machen wölle / thu auch
Weinbeer vnnd etwas ſüſſes darzu / wiltu / ſo laß alſo. Du magſt es auch
alſo in ein Zwifel die rund geſchnitten einmachen / auch in ein Lebkuchen-
brühlein / auch in ein ſchwartz Nägelbrühlein oder Pfefferlein: Alſo auch
mit gebehetem Brot vnnd einer Hünerleber / wie du von den Hünern findeſt /
auch in grünes Kraut / beſtrewe es mit Zimet / alle gattung die gelb vnd
ſüß ſind / machs recht in dem Saltz.

10. Ein andere form von Wildbrät / Kalbfleiſch
Schepſen vnd Rindern.

NImb das Wildbrät / was es iſt / Zůner oder Wecken / ſihe daß es nicht
vnſauber ſey / bedarff es waſchens / ſo waſch es mit Eſſig / ſeige jhn
5 darnach durch ein tuch / vnnd geuß jhn wider daran in das geſchirr / dar-
in du es behalten wilt / wo ferr aber der Eſſig ſehr ſchweiſſig / ſo nimb
ein friſchen / laß ein tag oder etliche ſtehen / nach gelegenheit / wiltu
ſie gern länger behalten / vnnd wil dir zu lang im Eſſig ligen / ſo
ſchupffs / aber nicht mehr / daß es nur bloß keck wird in dem Eſſig / dar-
10 innen es gelegen iſt / iſt er nicht mehr ſchön / ſo nimb einen andern /
oder Wein / vnnd nicht mehr / dann daß am geſchirr / darin du es ſchupffſt
/ nicht anbrenne / laß ein wenig erkalten / ſo ſpicks wie oben gelehrt /
vnd darnach beſtrewe es wol mit Ingwer vnnd Pfeffer / allezeit noch ſo vil
/ ein wenig geſtoſſen Nägelein verderbts nicht / ſo vil Pfeffer als Ing-
15 wer / beſtrewe es wol / vnd behalts wol bedeckt / beſtrewe es mit dem /
darinnen es geſchupfft iſt / daß es nicht zu gar truckne / du kanſt es
noch ein tag drey oder vier ligen laſſen / vnd wird gewaltig gut / vnnd
wann du es im Teig bereiteſt / würtz es beſſer mit allerhand würtz / wie
den Rehe oder den andern Schlegel vorher / alſo magſtu von einem jungen
20 Rind ein guten Riemen zubereiten / einen guten Lümmel oder Lendenbraten /
den Wecken / das Becklein / vnnd wann es zeit hat / daß du es nach dem
ſchwellen alſo ein tag oder etliche alſo gewürtzt kanſt laſſen ligen / man
iſſet es für ein Wildbrät / vnnd alſo magſtu ein Schlegel von einem Kalb
oder Hammel bereiten / kalt oder warm zu eſſen / wie man will / alſo ein
25 ſchweinen Hammen / aber dem ſchäle die haut ab / es iſt auch ein herrlich
gebratens / man ſolle jhn gleichwol durchſpicken / vnd alſo magſtu aller
dreyer gattung zu Riemen hawen / vnnd inn Eſſig einlegen / darnach berei-
ten zum gebratens / auch zu den kalt Paſteten allerdings / wie zuvor / du
magſt auch inn Paſteten bereiten / wie oben von allerhand Hünern und Tau-
30 ben / in hohen häfen / auch in gute Pfefferlein / ſüß vnd ſawer / auch zu
gehackten Paſteten / was du wilt.

11. Paſteten von alten vnd jungen Haſen.

DIe Haſen brüh auch mit halb Wein vnd Eſſig ab / wie den Rehſchlegel /
ſpick ſie / aber laß nicht für das Fleiſch gehen / bloß daß man den ſpeck

ſihet / du wollſt jhn dann warm eſſen würtz jhn wol mit Pfeffer / vnd ein
wenig Nägelein / du magſt Lemonien darzu thun / wiltu / mach jhn zu /
ſchön wie ein Haß ſeyn ſolle. Merck / daß man gemeiniglich einem das hin-
der nimbt / daß man ſonſt bratet / doch auch etwann gantz / man ſol es
auch zuvor häuten als wolt mans braten. Es iſt keine ſpeis für die kran-
cken / darvmb ſchreib ich nicht gern lang von zweyen vnd ſolchen ſachen /
es nimbt vil zeit / vnd trifts doch der zehende im wenigſten nit / wan
es gut / mag es leicht hübſch ſeyn / vermachs / bachs auff zwo ſtunde /
alle Paſteten beſtreich mit eim wol zerklopfften Ey vnd Saffran / aber
wann es im ſchwartzen teighafen / nur mit Schmaltz / oder vertreib ein we-
nig weiß Meel mit warmen waſſer / vnd ſchmirs / wann ſie halb gebachen /
wie die Becken das Brot. Die jungen Häßlein mache gantz ein in hohe häfen /
wie die Tauben vnd Zungen.

12. Ein herrlich Eſſen oder Paſteten von einer Zungen.

WAnn die Zung ſchier genug geſotten / ſo zeuch jhr die Haut ab / zuſchneid
ſie zu runden Schnitten / eines guten Fingers dick / ſpick Zimet vnd Näge-
lein darein / nimb das Feyſte von einem Nieren / das ſchneid oder hack zu
kleinen Grieben / die mache darnach mit guter Würtz / Pfeffer / wol Näge-
lein / auch ſüß Würtz / wenig Saltz / lege davon in den Paſtetenhafen /
ſo weit der Hafen iſt / lege darnach ein Leg von der Zungen / ſpreng aber
von dem Feyſten darauff / wiederumb das übrig von der Zung / vnd folgend
das Feyſte / mache den Deckel darüber / thu ſie in den ofen / laß bachen
eine Stund / vnder deſſen mache ein ſchwaches Pfefferlein / nach dem be-
ſten / mit allerhand Gewürtz / Zucker vnd was oben gemeldet / ein wenig
Eſſig / nimb die Paſteten auß dem Ofen / mache an einem Ort inwendig an
dem Deckel ein Löchlein / wie mehr gelehrt / laß das Feyſte herauß / vnd
thu darvon an den Pfeffer / laß an einander kochen / vnd thu es alles in
die Paſteten / vermachs wol / vnnd thu ſie widerumb in Ofen / nicht lang /
auff ein halbe Stund / trags für / ſie ſind köſtlich / wann du ſie recht
macheſt. Vnd eben alſo macht man ein Paſteten von einem Euter einer Kühe.

13. Eine Paſteten von Hünern vnd Quitten.

NImb Quitten / höler ſie auß / daß die Kern vnnd Butzen wol darvon kom-
men / Fülle ſie mit Zimet / Zucker Ingwer vnd Weinbeer / nach dem du ſie

ſauber gewaſchen haſt / davon auch die bereitē Hůner / halb oder gantz /
5 am herrlichſten ſind ſie gantz: Die Hůner bereit auch mit guter Würtz innwendig auß / als ſůſſe Würtz oder Ingwer / Pfeffer vnd Någelein / vnder einander geſtoſſen / vnnd breite Quittenſchnitz darein geſtoſſen / darnach růhr ein bröſamlein brot in hafen / lege die Hůner darein / wie recht / vn̄ die gantzen Quitten darzwiſchen / wol Weinbeer / vorgemelter Würtz /
10 das ſie oben fein ſchwartz von dem Gewůrtz / Någelein beſonders / allein die Hůner / die Quitten nicht / thu wol Feiſtes darzu / oder ſůß Mayenſchmaltz / verſaltz es nit / vermachs ſchön / bachs eine ſtunde / du magſt auch wol / ſo du gern ziemlich brůh daran haſt / an eim ort den deckel auffflöſen / vnnd an die ſeiten kehren / ſo ſiheſtu bald was ſie hat / be-
15 důnckt dich jhr ſey zu wenig / ſo nimb halb Wein vnd Fleiſchbrůh / zucker vnd etwas Gewůrtz / ein broſam brot klein gerůhret / oder etwan ein Quittenlatwergen / vnnd was ſolcher ſachen / vertreibs / laß vntereinander ſieden / růhrs darein / laß vollend bachen / es iſt faſt luſtig vnd gut / du magſt auch wol die Hůner halb braten / vnd die Quitten im ſchmaltz
20 důnſten vnd einmachen.

14. Mehr Eſſen von dem Hirn.

NImb Hirn von einem Kalb oder Rind / wie du wilt / ſo daſſelbige von der Haut gereiniget / ſo thu es in einen tiegel oder kachel / wie mans nennet / zum Fewer / daran Wein vnd ein wenig Waſſer / ſaltz es nicht zu vil / ein
5 wenig Kůmmel / dann laß ein Stund zwo oder drey ſieden: Wann ſie mit obgenandten ſachen nicht wol abgekocht ſeynd / ſo iſts ein vngeſunde Tracht / derwegen diſe / wann ſie in dem Kalbeskopff geſotten werden / iſts ein vngeſunde Tracht / vnnd ſol keinem Krancken zugelaſſen werden. Vnd iſt ein löblicher Brauch an etlichen orten / da mans ſehr auß den Köpffen nimb /
10 fein ſåubert / in einem Wein vnnd Kůmmel fein abgeſotten / vnd zuletzt ein Eſſig darzu / vnd auff das truckeneſt ohn anbrennen abgekocht / darnach zu dem Kopff wider gelegt / vnd wol mit Ingwer beſtrewet / dann alle Feuchtigkeit des Kopffs ſteckt inn dem Hirn / derwegen ſol man ihm ſein Gifft mit Wein vnnd Eſſig benemen. Vnd iſt ein groſſer vnverſtand bey den Leu-
15 ten / die da meinen / daß es gar ein leichte Speiſe ſey / vnd gut für die Krancken / weil es ſich leichtlich zurühren låſt / vermeinen auch / wann es einen wall thut / wie jhrgend Eyer / ſo ſey es genug. Ich ſage aber / daß es für keinen ſchwachen vbeldawigē Magen dienet / vnd daß es långer

ſiedens bedarff als das Fleiſch / davon das Hirn iſt vrſach / dann was
man davon kochet / faſt wol mit Würtz vnnd andern ſachen bereit ſeyn ſol-
le / alsdann laß ichs paſſiern / es muß eins auß vrſachen vnd länge der
Zeit vil zulaſſen / daß wider der Artzte Regel iſt / derwegen ich diſes
vnd anders inn maſſen mit ſeinem Zuſatz beſchreibe / daß wenig möge auß-
geſchloſſen werden. Wann nun das Hirn geſotten / ſo hack es wol / vnder
deß mach ein ſchmaltz heiß / vnd ſchneid ein Zwiebel einer Bonen groß /
dann die dient faſt wol zu dem Hirn / wegen ſeiner zehen Feuchtigkeit /
alſo auch der Eſſig / es were dann / daß eines von Natur keine eſſen
möchte / es iſt ein Kraut das heiſt Gerthen oder Kraut / Iſopen oder Se-
rin / das ſchickt ſich wol in die Kuchen / ſchneid die Zwiebeln ſo klein /
doch daß mans nicht ſpüren mag / wirff ſie ſampt einer Hand voll gerieb-
ner Semmel in das Schmaltz / laß röſten / doch daß ſie nicht gar braun
werden / alsdañ thu das gehackte Gehirn darzu / decks gehebe zu / laß
aber wol durch einander röſten / rührs bißweilen / daß es nicht anbrenne /
vnd hebs wol von dem Fewer / auff guter Glut / darnach thu wol Saffran
darein / ſampt ſüſſer Würtz / geſtoßner Muſcatblüh / vnd der Brüh darin
das Hirn geſotten / dann worzu du es brauchen wilt / ſo ſetz es hinzu daß
es ſiede / vnd dir nach Nothdurfft Brüh bleibe / du wolſt es dann trucken
abkochen / nun thu ſo vil darein / daß es wird wie ein Brey / wanns ge-
kocht / laß noch auff ein halbe oder drey Viertheilſtund kochen / dann
klopff zwey oder drey Eyer wol / rühre es darein / laß nicht lang mehr
kochen / richt es an / beſtrew es wol mit Ingwer oder ſüſſer Würtz. Diß
heiſt man ein Hirnmuß.

15. Ein Lungenmuß für die Krancken.

BEreite die Lunge wie ſie ſeyn ſol / ſetze ſie zu mit halb Wein vnd Waſ-
ſer / laß ſie ſieden / biß ſie gar linde ſey / es ſol ein Lung von einem
Kalb oder jungen ſchweinlein ſeyn / dañ diſe ſind am beſten / hack ſie
klein / vnder deſſen röſte ein wenig gerieben Brot im Schmaltz rößlecht /
vnnd nicht gar zu braun / thu darnach die Lung auch darzu / decks beheb
zu / laß auff der Glut nit zu nahe bey dem Fewer / kehre es je mit einem
Lüffel vmb vnder einander / rührs / ſo wird ſie gar geſchlacht / wann ſie
dann recht iſt / ſo thu Saffran / Pfeffer vnnd ſüſſe Würtz darzu / rühre
die Brüh darein / darin die Lung geſotten / die leuterſt du oben ab / ſo
vil recht iſt / waſch Weinbeer darzu / laß kochen / biß fein trucken /

vnd laß nicht anbrennen / rührs jmmer / verſaltz es nicht / ſo du dann
wilt / klopffe ein Ey oder zwey / mehr oder weniger / nach dem deß Zeugs
wenig oder vil iſt / faſt wol wie allezeit / rührs darein wann du es bald
15 anrichten wilt / gibs. Du magſt auch wol / wann du es gern ſauerlecht
haſt / ein wenig Eſſig darein thun / wann du es erſtlich anzeugſt / nach
dem du es auch gewohnet haſt. Diß magſtu auch wol auff ein teller ſchla-
gen / vnd wie ein Reiß zu dem bachen gebrauchen / wann es erkalt alſo
ſchneiden / durch Milchrahm oder Eyer ziehen / vnnd bachen / in ein gutes
20 Brühlein oder trucken / oder andere Rüſtung legen / deines gefallens.

16. Salmen zu braten.

SO du auffs beſt einen Salmenrucken zum braten zubereiten wilt / ſo waſch
jhn mit Eſſig oder guten ſtarcken Wein / eines ſovil als des andern / laß
jhn ein halbe ſtunde ligen / alsdann nimb Pfeffer / ein wenig Nägelein vnd
5 Muſcatblüh alles klein geſtoſſen / vermiſch auch mit Saltz nicht zu vil /
beſtrew den Rucken vberal wol / bereit jhn auff den Roſt / laß jhn allge-
mach trucknen / dann bereit im ſelben eine brüh / alſo mach ein ſchmaltz
heiß / thu wol vorgemelte Würtz darein / ein wenig hartes brot / halb Wein
vnnd Eſſig / wol geſchnitten Salvey vnd Peterlein / laß wol an einander
10 ſieden / es ſol ſeyn wie ein dünnes Pfefferbrülein / damit begeuß vnd be-
ſtreich den Rucken mit einem Salvenſtäudlein / biß er genug gebraten / ſie
ſind faſt bald genug gebraten / wiltu jhn warm geben ſo geuß die brüh warm
darüber / wiltu jhn kalt geben / begeuß jn aber / daß die Brüh fein ein
Häutlein hat / vnnd wol ſchwartz / ſo bleibt er ſchön feucht / Alsdann
15 magſtu mit Zimet / Ingwer / Zucker vnnd Weinbeer ein Brühlein machen / vnd
darüber gieſſen.

17. Ein Aal zu braten / faſt herrlich vnd gut.

WAnn der Aal abgezogen vnd bereitet wie er ſeyn ſol / ſo lege die ſtück
auch eine ſtund in ein guten Eſſig / Pfeffer vnnd Saltz / ſo werden ſie
faſt keck vnnd ſchön blaw / alsdann hab ein klein Vogelſpießlein / ſtecke
5 die Stück eins den langen Weg / das ander vberzwerch daran vnnd allweg
Salvey darzwiſchen / oder Lorberblätter / wann du ſie haben kanſt / be-
ſtrewe jhn mit wenig Saltz vnd Pfeffer / lege den ſpies gegen dem fewer /

brats wie Vögel / ſtelle ein bratpfann vnder / mache das Schmaltz heiß /
bereit eine brüh wie vor oben / ohn allein kein brot vnnd Nägelein / thu
es in die bratpfannen / begeuß jmmerzu / vnd wann es auff ſein ſtat ge-
braten / ſo nimb ein friſche Butter / betreuff jhn wol mit durch ein heiſ-
ſen ſchaumlöffel / vnder deſſen habe bereit ein Schüſſel mit weiſſem Zu-
cker vnd reinem geriebnem Brot / wol mit Zimet vnnd Zucker bereit (Du
magſt wol für das ſüſſe Schmaltz mit Pomerantzen wie die Koppen betreuf-
fen) darnach beſtrewe es mit dem brot / daß fein bröſlecht wird / darnach
lege es in ein warme blatten / vnd die brüh in der pfannen daran / das
feyſte ſol aber abgenommen werden / du magſt Brot darinnen behen / wanns
wol braun iſt / du magſt allerdings bereiten wie die Koppen / es iſt ein
herrlich Eſſen / vnd werden jhr vil nicht alſo gebraten.

18. Ein herrlich Eſſen von einem gefülten Hechtdarm.

WAnn du einen faſt groſſen Hecht haſt / ſo nimb den Darm / waſch jhn ſchön
auß / blaß jhn mit einem Rörlein auff / das er deſto gröſſer werde / alß
dañ nim ein gutes ſtück von einem Hecht / nach dem du vermeineſt daß du be-
darffſt / leg es ein weil in ein Eſſig / alßdan thu ſo vil Speck dazu /
hack es wol vntereinander ein wenig Saltz oder nit / nach dem der Speck ge-
ſaltzen / würtz wol mit ſüſſer würtz / vnd grob geſtoſſen Nägelein / füls
in den Darm / mach jhn geheb zu / thu den jhn ein häfelein mit halb Wein
vñ Waſſer / laß gedeckt ſieden / biß der Darm ſich ſchneiden läſt / er gibt
gar ein feiſte brüh / die mach mit Ingwer vnd einem Eſſig beſſer an / weñ
dann der Hecht geſotten / ſo thu das brühlein in die Blatten zum Hecht /
ſchneid bereiten Darm wie Lemonien oder Rettig / legs jhn die brüh hin vnd
her / vnd auff den Hecht / vnd ſo magſt du auch wol Feiſte därm von Schwei-
nen füllen oder bratdärm ſieden / oder braten vnd wan du vberbliebene Fiſch
haſt / die nichts mehr nützen / bereits alſo / füls in Darm / knete zuvor
ein wenig Eſſig darein / oder ſchlag Eyer darunder / bachs inn dem Mörſel /
es hilfft / wo man vil Eſſen haben muß / oder vor eſſige leut / die jmmer
etwas ſeltzams haben wollen.

19. Weiter von den Schnecken.

GEmeiniglich gibt man die Schnecken in dem Mertzen / wañ die Häußlein noch
feſt beſchloſſen ſeyn / die thu in einem hafen mit Waſſer zum Fewer / laß

sieden / biß sich die häußlein eröffnen / so nimbs mit einem Messer her-
auß / thu die Därm vnnd alles Ingeweid darvon / alsdann säubers wie ein
Krös von einem Kalbe mit warmen Wasser / vnd das jmmer wärmer vnd wärmer /
biß der Wust wol darvon kombt / dann thu sie in ein Pfann mit Wasser vber
das Fewer / laß einen guten Sud thun / dann behalts in einem frischen Brun-
nenwasser / biß du sie einbereitest / brühe vnd säuber die Häußlein wol
auß / als dann thu die Schnecken auß dem Wasser / trucknes mit einem tuch
ein wenig ab / saltz es recht / vnnd Pfeffers wol / mit wenig Nägelein
vermenget / wol geschnitten Peterlein / machs alles wol vndereinander /
alsdann hab eine Fleischbrüh / vnder die thu ein wenig Wein oder Essig /
daß mans kaum spüre / damit sie nicht hart werden / thu von der brüh ein
löffel oder halben voll in ein Häußlein / vnnd ein Schnecken darzu hin-
ein / vn̄ ein gutes stück süsse Butter / damit machs / das keine Brüh her-
auß fliesse / stells in eine breite flache kachel / die ist besser dann
auff dem Rost / thu eine Fleischbrüh in die kachel / daß es nicht spalte /
stells auff eine Glut / vnnd oben darauff ein Stürtzen oder Blech / vnnd
wol glut darauff / wann sie dann kochen daß man sie in den Häußlein sihet
glecklen / laß so lang kochen als Eyer / hab eine heisse brüh mit der
fülls jmmer zu / trags heiß für / vnd so etwas brüh in der kachel were /
geuß vber die Schnecken / wann du sie in ein Blatten stellst: Etliche ge-
bens in der kachel auff den tisch / von Wärme wegen / du magst es in einem
flachen Pastetenhafen einsetzen.

20. Von den Fröschen für die Lungsichtigen.

ES seynd etliche Frösch die man isset / ich habe sie wol gekocht / aber
nie lebend so eigentlich gesehen / allein daß ich weiß / das sie in Wey-
hern gefunden werden / mich bedunckt sie seynd etwas grüner Farb / auch
etwas grösser dann Laubfrösche / die grosse̅ schwartzen sind gifftig. Nun
die schneid man von einander wie ein Hasen / das hinder von dem fördern /
zeucht jhnen die Haut ab / vnd wirffts eine weil in frisch Wasser / dar-
nach trockne man sie mit einem weissen tuch / dann besprengt man sie mit
gutem Essig vnnd Saltz / milbts wie andere Fisch / vnnd bächts. Also seud
mans in Wein / mit Wasser ein wenig gebrochen / wann sie genug / so sol
die brüh darvon gethan werden / vnd in eine schüssel oder Blatten gelegt /
daran wol Pfeffer vnnd süsse Butter / vnnd darin auff eim Kohlbecken ge-
deckt kochen lassen / biß das schmaltz lauter wird / sie werden so weiß

als die Hůner: Wo man aber ein Schewen darob hette / muß man das Fleiſch
von den Beinen ſchneiden / nach dem ſie geſotten ſind / vnnd dann in ein
Blatten oder Paſtetenhäfelein bereiten wie die Krebs / man kocht ſie auch
in einer Någeleinbrůh wie ſchwartze Karpffen.

21. Folget von den Krebſen.

NImb Krebs ſo vil dir geliebt / ſeud ſie / dann thu das Fleiſch auß der
Naſen / mache das Haar zun orten wol darvon / auch ſo etwas mehr inwendig
were / darnach ſtoß alles mit einander in dem Mörſel klein / behe ſchnit-
ten von weiſſen brot / darnach weiche ſie in einem guten roten Wein / ſo
thu den haben magſt / treib die geſtoßnen Krebs vnd brot mit durch / wil-
tu / auch ein wenig darin ſie geſotten ſind / machs rechter dick / daß es
in dem kochen wirt wie ein ziemlicher Kindsbrey / in deß mache ein ſchmaltz
heiß / in einem irrdenen tiegel / geuß darein / laß kochē / ſo lang man
harte Eyer ſeud / würtz mit ſüſſer Würtz / in dem anrichten beſtrewe es
wol mit Zimet / diß iſt den Lungenſichtigen faſt nutz / aber dann Würtz
nicht zu ſtarck.

22. Eine Krautdorten.

NImb Binetſch / oder den ſchönen gelben Mangolt / oder ſo du es für ein
Kranckes wilt / Borragen / Lattich vnnd andere Kreuter darunder / ſo jhm
zu ſeiner Kranckheit dienſtlich ſeyn / reinig es / waſch es ſauber /
ſchwing das Waſſer wol darvon / hack es klein / mache Schmaltz heiß / laß
geheb bedeckt auff einer Kohlen gemach kochen / biß daß es linde wird /
darnach laß ein wenig überſchlagen / weich ein Broſen weiß Brot inn einem
Milchrahm oder Mandelmilch / rühr es in das Kraut / klopffe Eyer wol /
nach dem die Dorten groß ſolle ſeyn / es ſol in der dicken ſeyn wie ein
dünnes Teiglein / darauß man etwas bächt / thu wol Weinbeer vnd Meerdräu-
bel darein / aber allererſt / wann du es inn den Hafen thuſt / daß es
nicht wie ein Hauffen zu boden falle / wol Pfeffer vnd Saffran / ſaltz es
recht / zuckers ziemlich / nicht gar zu vil / bereits / vn̄ bereit den Ha-
fen / geuß darein / lege hin vnd her mit dem Meſſer an den Boden Stück-
lein ſüß Schmaltz / wann ſie jetzt in der Pfannen oder Ofen iſt / damit
ſie nicht auffſchieß / wann ſie nun geſtanden / vnd das Schmaltz zugan-

gen / ſo habe wolgeſtoſſen Zucker vnd Zimet vntereinander / da beſtrew es
ſo dick / daß man das Kraut nicht ſihet / gib jhm oben herab ein gute Hitz
/ darnach wirds genug ſeyn / ſie ſeynd trefflich gut.

23. Knödlein von dem Käß.

REibe Brot vnnd Käß / zwey theil Brot / den dritten aber Käß / machs mit
Eyern recht / nicht zu dünn / daß nicht rinne / pfeffers wol / vnd thu
auch Muſcatblüh vn̄ Saffran darein / legs in ein ſiedende Fleiſchbrüh /
5 alle mal fornen in den wall / laß faſt langſam ſieden / zuvor bachs ſchnell
braun in dem ſchmaltz / es gibt eine faſt gute Brüh / die du einem krancken
der Käß iſſet / wol darffſt geben / als wann du ein gar ſchwache Suppen
haſt / ſo reib ein wenig Käß / vnd wirffs in Wall / er ſeud zuſammen / ſo
trucke jhn mit einem Löffel auß / es gibt jhm gleich ein guten geſchmack /
10 als wer es gewürtzt. Diſer aber ſol kein gemeiner Bawrenkäß / ſeyn / ſon-
dern von den guten Schweitzerkäſen vnd· Welſchen / auch Hollender vnnd der
gleichen / wann ſie hart werden / ſeynd ſie zu ſolchen ſachen nützlich.

24. Ein Gebachens von einem Eyerkuchen.

KLopff die Eyer deines Gefallens wol / ſchneid weiß Brod / wie ein Wein-
ſuppen / das rühr darein / ſo vil die Eyer anziehen mögen / wiltu / ſo
ſchneid auch gute geſchmackte Kräuter darzu / bachs in einem Tiegel wie
5 ein Eyerkuchen / vnnd daß das Schmaltz wol wider davon komme / alsdann
hacke jhn ziemlich klein / rühre wol Eyer darein / Saffran vnd ſüſſe Würtz
genug / wilt du geſchnittene Feigen oder Weinbeer / ſaltz es recht / bach
es wie Kräpfflein oder Knödlein.

25. Ein Mandelberg.

NImb ſchönen erleſenen vnnd wolgeſtäubten Reiß / den waſche ſauber / thu
jn in ein ſiedēd waſſer / biß er anhebt ein wenig lind zu werdē / mach ein
wol dick Mandelmilch / darin wäll den Reiß / wie ein kraut auff eim waſ-
5 ſer / rüre die Milch vn̄ den Reiß vntereinander biß es kocht / ſo bald er
aber wol vntereinander gekocht / ſo laß jhn kühlen / vnd verrühr jhn wie
andern Reiß / er ſol krauß ſeyn vnnd dick / wann er nun kalt iſt / ſo

richt jhn auff ein blatten / am erſten eines guten tellers breit / vier
finger hoch / darnach jmmer hőher vnd ſpitziger / ſo hoch du kanſt / mach
jhn glat / ſchneid Mandeln / beſteck jhn vberall wol / zu őberſt am ſpitz
mach jhm etwas grůnes / beſtrew jhn wol mit Zucker / vnnd thu Roſenwaſſer
daran / es ſtopfft hefftig. Etliche zertreiben Krafftmeel mit der Milch
durch mit den Mandeln / damit / ſo er erkalt / deſto ſteiffer ſtehe. Iſt
nicht bőß.

26. Ein kőſtlich Marcipan von Quitten vnd Mandeln in
hefftigem Durchlauff von ſchwachem Magen.

NImb ſchőne Quitten / die verdempff mit Quittenſafft in einem wol vermach‐
ten hafen / oder ſo du jhm recht thuſt / geben ſie ſelbſten brůh: wann ſie
nun wol lind ſeynd / ſo zeuch jnen die haut ab / nimb das beſte marck oder
Fleiſch darvon / daß kein ſtein darzu komme. Dann nimb klein geſtoſſene
Mandeln / einen reinen gebeutelten Zucker / jrgend ſo vil / alß der Man‐
deln vn̄ Quitten ſeyn. Vnd dann nimb den halben theil / ſeud jhn mit Roſen
oder Zimmetwaſſer zu einem Syrup / thu das marck von Quitten darein / laß
mit einander in einer meſſinen pfañen truckneñ oder rőſten. Alß dann růhr
es inn einem geſchirr wol / vnnd die Mandel darunter / darnach nimb ſie
auff ein ſaubern tiſch / wircke den vbrigen Zucker darein / wann er dann
iſt wie ein teig zu Lebkuchen / ſo formir jhn deines gefallens / trucke
model darein / truckne es inn dem bachofen oder im rőhrofen / vnnd alſo
magſtu von lautern Quitten marck / auch Regel vnd anderer art Biren berei‐
ten / vnnd von ſolchem zeug Krapffen machen / allein wirck jhn nicht zu
hart auß / laß jhn fein lind / du kanſt auch Oflatten mit fůllen.

27. Ein gebrãntes Muß.

MAch ein gute Mandelmilch / du magſt wol waſſer nemen darin Gerſten geſot‐
ten iſt / wie du weiſt / doch nit zu gar ſchleimig / wiewol inn kranckhei‐
ten / da man kůhlens vnnd linderens bedarff / iſt es trefflich gut / mach
es wie du wilt / ſo klopff wol Eyer darein / das gelb iſt am beſten / lauf‐
fen auch nit gern zuſamen wie ſonſten / brenne ſchőn Meel oder gerieben
ſemmelbrot im ſchmaltz / aber nicht braun / růhr es vber dem fewer / wie
ſonſt ein gemůß / laß nicht lang kochen / das es nicht rinne / ſaltz es

ein wenig / zuckers wol / wiltu ſo nimb Roſenwaſſer dazu / richt es an /
es iſt faſt kräfftig.

28. Ein ander Weinmuß.

BRenne ſchön meel oder Brot im Schmaltz / oder weich gebehet brot in Ro-
ſenwaſſer / treibs durch / wie du weiſt klopff wol eyer / das gelb / dar-
ein thu Malvaſier / oder andere köſtliche wein wie du es haben kanſt /
brich den mit Roſen vnnd andern waſſern / wie es die ſach erfordert / vnnd
der Lebern fügt / bereits zu einem muß wann es kocht / ſo thu Zimmetwaſſer
darein / wenig ſaltz / zuckers wol / diſe fügen alten / kalten / ſchwachen
mägen / vnnd da man wenig iſſet. Du magſt auch wol Saffran darein thun /
beſonder für Weiber.

29. Mandelmuß.

SToß Mandel / vnnd treib die geſtoſſene Mandeln in einer ſchüſſel mit dem
Mörſelſtöſſel / dann nim darvon ſo viel du wilt zum Muß / ſeihe die Milch
ab / vnnd zerreib mehr Mandel / mit der Mandelmilch / wie ein Muß / zuckers
wol / laß ſieden / vn̄ gibs warm oder kalt / ſo iſt es gut zu eſſen. So du
wilt / ſo zeich die Mandel mit Weinbeerleinwaſſer auß.

30. Zucker Muß.

NIm auf ein tiſch ein halb pfund Zucker / zerſtoß den wol / weich zwo ſe-
mel in ein Milchrahm / gieß Malvaſier darein / machs nicht zu dünn / ſetzs
in keller / gibs zu nachts.

31. Gefülte Aepffel.

SChäl abermals Aepffel die ſich bachen laſſen / trucken / daß ſie nicht
ſchmaltzig werden / höle ſie wol auß / nim andere / die hacke klein /
würtzes / vnd bereits mit Ingwer / Zimet / Zucker vn̄ Weinbeer wol ab /
fülls auß wie recht / mache den butzen / den du zuvor herauß ſolt ge-
ſchnitten haben / wider darein / vermaches / daß es nicht herauß gehe mit

einem Eyerklar / mälbe es / oder zeuchs durch ein dünnes tüchlein / von
Wein vnnd einem Ey gemacht / bachs in völligem ſchmaltz / das ſol anfangs
wol heiß ſeyn / darnach thu ein wenig gemach / damit ſie inwendig gnug
werden / mach ein gute brüh darüber / od' laß alſo / vnd beſtrewe es mit
dem Zucker / Du magſt wol vor kochen / was du füllen wilt / vnd wol zubereiten / davon einfüllen.

32. Ein gut eſſen von Birnen / Quitten vnd Aepffeln.

NIm gute birnen oder Aepffel / dürr oder grün / wie du ſie haſt koch vnd
bereit ſie auff das beſte. Darnach wall von einem guten teig zwey blätter /
leg bereiten zeug darauff / drucks dem form nach zuſammen / ſchneids darnach / ziers vnd bachs. Den Zimet vnnd Ingwer ſpar nicht / auch den Birnen die Muſcatnuß / bachs zimlich wol auß / gib es kalt. Du magſt wol vnter die Birnen gnugſam von einem zweygebachnen Leckuchen reiben / wol vntereinander hacken oder rühren / alſo vnter die Aepffel geſtoſſene Mandeln
/ es dienet wol den ſchwangern / ſtärckt die kinder / was von Honig / gibt
den kindern gute nahrung / vnd bewahrt vor viel ſchaden.

33. Zwetſchkenbrey.

NImb Zwetſchken / kochs wie bräuchig / wann ſie wol geſotten / ſo thu die
ſtein herauß / ſtampffs wol / ſtreichs mit gebeheten vnnd geweichten brot
durch / mit der brüh darin ſie geſotten / du ſolt aber zuvor auch ein Wein
vnter das Waſſer zum ſieden daran thun / machs rechter dicke / geuß es inn
ein heiß ſchmältzlein / machs mit eim wenig Ingwer / Zimet vnd Zucker /
laß kochen / dann gibs. Sie öffnen / beſunders wann man Weinbeer mit ſeud.

34. Gefüllte Pferſing.

ICh hab geſagt / daß man alles / ſo man von Aepffeln vnnd Birnen macht /
auch von Pferſichen kochen kan / doch beſchreib ich dir noch eins. Nimb
gute trockene Pferſich / ſchäls / ſchneids entzwey / thu den ſtein herauß / raums etwas beſſer auß / koch andere wie ein zerrüttes Aepffelmuß /
daß wol trocken abgekocht iſt: bereits mit Ingwer vnnd Weinbeer wol auß /
ſo du wilt / mit Zucker / fülls vnnd machs wider zuſammen / verſtreichs

mit einem wol zerklopfften Eyerklar / melbs im schönem meel / vnd bach es
braun im heissen schmaltz / gibs trocken / mit Zucker vnd Zimet wol be-
10 strewet.

              35. Lebzelten oder Lebkuchen von Mandeln.

NImb fast klein gestossene Mandeln / wolgeleuterten Honig mit Rosenwasser
abgekocht: wann der wol kalt ist / so zertreib die Mandeln damit zu einem
teig / nicht zu dün / zureib einen fast guten Lebkuchen / den knit vnnd
5 wirck darein / biß es wirt daß du jhn wallen kanst / zu formen groß vnd
klein / deines gefallens: alßdann trucke Lebkuchenmodel darauff / thu auch
wol klein gestossenen Zimmet darein: vnd wie man pflegt geschnittenen Ing-
wer hin vnnd her zwischen die model zu trucken / also vergülde vnnd zuckere
Mandeln bach es / oder truckne sie im bachofen oder pfannen auß / es ist
10 gar gut für die schwangere Weiber / stärcket kind vnd mutter: magst sie
auch wol mit einem leibfarben Rosenhonig machen / so laxieren sie.

              36. Schnitten von Mandeln / Feigen vnd Weinbeer.

NImb Feigen vnnd Weinbeer gleich / reinige vnnd wasch sie / truckne sie
wider / mit einem saubern tuch / hack es mit einander fast klein / rühr es
in Honig / so geleutert: nimb dann so vil gestossen Mandeln / darzu thu
5 den gerösten zeug / stoß wol mit gutem gewürtz / Zimmet / Ingwer / Muscat-
nuß vndereinander: Von disem zeug nimb dann / forme schnitten / alß wie
man ein weiß brot zuschneidet / knitt auch ein wenig Lebkuchenmeel darein
/ doch daß du wol mit kanst vmbgehen / truckne es abermals wie zuvor. Du
kanst auch andere obgemelte formen darauß machen: So magstu auch auß bey-
10 den theilen Igel machen / wie von den Mandeln / vnd mit Nägelin bestecken
/ es sihet gantz wol.

              37. Ein Dorten von einem frischen käß.

NIm ein fast guten frischen Käß von frischer milch / preß das Molcken wol
darvon / dann nim allerhand gute kräuter / als Peterlein / Mangolt / oder
Pinetsch / vnd was du gern guts darin reuchst / waschs / schwing das was-
5 ser wol darvon / stoß es zart / wind den safft davon / treib den käß mit

an / thu Zucker oder friſche Butter darein / bereits in ein Dortenhafen / vnd bachs / mach auch ein zarten deckel von bodenteig darauff / oder mach von weiſſem Meel vnnd dem gelben vom Ey ein Müßlein / beſtreichs mit einem penſel wie ſonſt ein Dorten / bachs ſchön / wiltu / ſo bachs im Mörſel im bachofen / ſo wirds gar ſchön. Man mag ſolche beyde gattungen in vil kleinen häfelein oder kächelein theilen / vn̄ in bachofen ſtellen / es gibt küchlein / brauchen kein ſchmaltz / denn wie man bloß daß tiegelein beſchmieret.

F.

DRUCK

NÜRNBERG A. 1691

1. Eine Suppe von Hüner=Beinen.

HAcke das Fleiſch von einer geſottenen Hennen klein / ſtoſſe hernach die
Gebeine und das gehackte Fleiſch zuſammen in einem Mörſel / nimm dann ei-
nen Schnitten gebähetes weiſſes Brods / und thue ihn ſamt dem Geſtoſſenen
in ein Töpfflein oder Häfelein / gieß hernach Hennen=Brüh daran / vnd laſ-
ſe es eine Weil ſieden / alsdann treibs durch ein Sieblein / thue Muſcaten=
Blühe / Cardamomen und Butter daran / laſſe es nochmal aufſieden / und
richts über weiß gebähetes Brod.*

*Dabey zu mercken / daß ungefähr zu einem halbgeſtoſſenen Hünlein insge-
mein eine halbe Maas Fleiſchbrüh genommen werde.

2. Eine weiſſe Bier=Suppe / mit Kern oder ſüſſen Ram.

NEhmet eine Maas Kern oder dick abgenommene Milch / und dann den vierdten
Theil / von einer Maas weiß Bier. Zerrühret zwey Eyerdottern in einer
Pfannen / und gieſſt den Kern zuſamt dem Bier allgemach daran / thut ein
Stücklein Butter dazu / laſſt es mit ſtetigem rühren aufſieden / und rich-
tets über würfflicht=geſchnittenes Rocken= oder weiſſes Weitzen=Brod an.

3. Eine Agreſt=Suppe / für Krancke.

NImm einen Agreſt oder unzeitigen Weintrauben / zupffe die Beere herab in
ein Häfelein / thu ein wenig weiß Brod dazu / gieß eine Fleiſchbrüh daran /
laß ſieden biß weich wird / treibs darnach durch einen Durchſchlag / thu
ein Stücklein friſche Butter und Gewürtz darein / laß es noch ein wenig
ſieden / richts in ein Schüſſelein an / und trags dem Krancken für.*

*So man will / kan mans auch über etliche Schnittlein gebähtes Brod rich-
ten.

4. Eine Apffel=Brüh über Rebhüner und andres Gebratens.

LAſt eine gute Handvoll Mandeln klein ſtoſſen / ſchneidet einen oder zwey
Aepffel / dazu die Parsdörffer am beſten dienen / gleichfalls klein /
ſtoſſt ſie dann mit den Mandeln ab / treibts mit Wein durch einen Durch-

schlag / laſts ein wenig ſieden / gieſſt zu letzt etwas Eſſig daran /
würtzet es mit Cardamomen / Muſcaten=Blüh und vielen Zimmet / zuckerts
nach belieben / und richtets dann über das Gebratens.

5. Ein Lamms=Viertel zu braten.

Wäſſert und waſchet das Lamms=Viertel ſauber / ſaltzet und ſtecket es an /
wie einen Schlegel / treiffet ſolches / und laſſets alſo ſchön gemach ab-
braten / kurtz vorher aber / ehe es faſt fertig iſt / betreiffts mit But-
ter / daß ſchön giſtig wird; indeſſen ſchneidet Roſmarin=Sträußlein / und
waſchet ſie ſauber; aber kurtz vorher / ehe ihr das Lamms=Viertel vom
Spieß herab nehmet / thut daſſelbige ein wenig vom Feuer hinweg / und be-
ſtecket es über und über mit dem erſt=beſagten Roſmarin=Sträußlein: laſ-
ſet es alſo nur noch ein wenig bey dem Feuer herum braten / ziehets dann
ab / legets in eine Schüſſel / und tragts zu Tiſch.*

*Etliche beſtecken das Lamms=Viertel / wann es ſchon in der Schüſſel li-
get / oder ſie ſchneiden einen Roſmarin / wie auch Citronen=Schelffen /
klein würfflicht / und wann der Schlegel oder Viertel ſchon allerdings in
der Schüſſel ligt / beſtreuen ſie ſelbigen damit.

6. Eine Rieb von einem Rind oder Ochſen zu braten.

NEhmet eine Rieb von einem Ochſen / laſſet drey oder vier derſelben an
einander hauen / und beitzet ſie drey biß vier Wochen im Eſſig ein; will
man ſie aber gleich friſch braten / ſetzet man ſie in halb Waſſer halb
Eſſig zu / ſaltzt und läſt ſie eine gute weile ſieden; nimmt ſie dann her-
aus / ſtreuet Pfeffer und Negelein darauf / ſteckts an den Spieß / und
läſt ſie braten; man thut aber von der Brüh / darinnen ſie geſotten / ein
wenig in die Bratpfannen / und betreifft ſie immerzu damit / zuletzt aber
mit Butter: Iſt ſie gebeitzt worden / darff man ſie nicht nothwendig ab-
ſieden / weil ſie ohne deme mürb worden: etliche ſieden und beitzen ſie
nicht / ſondern bratens gleich alſo friſch ab / wann ſie ſelbige nur zu-
vor mit Pfeffer und anderer ſcharffer Gewürtz eingewürtzet und geſaltzen
haben.

7. Einen Lendbraten zu braten.

Häutet den Lendbraten / ſchneidet das Fett / ſo deſſen gar zu viel daran iſt / davon / beitzet ihn in halb Wein=halb Bier=Eſſig / oder aber / welches beſſer / in lautern Wein=Eſſig / acht biß vierzehen Tage lang ein / ſpicket ſelbigen über und über mit geſchnittenen Speck / ſaltzt und würtzet ihn mit Pfeffer und Negelein / ſteckt ihn / wann er eine weile darinnen gelegen / an den Spieß / betreifft ihn / wie bey dem Wildbret gedacht / mit Schmaltz oder Eſſig / und laſt ihn entweder alſo an dem Spieß / oder aber in einem Oefelein abbraten: traget ihn dann alſo trocken oder aber in einer Brüh / nach belieben / zu Tiſch.

8. Ein Schweinener Braten.

ZU dieſen Braten muß man ein langes Seiten=Stück / wo die Rieb aneinander ſind / nehmen / ſelbiges wäſſern / waſchen / einſaltzen / eine Zeitlang im Saltz ligen laſſen / und an einen Spieß ſtecken; iſt aber der Braten zu lang und zu groß / kan er gar füglich in der Mitten zertheilet / und alſo verwendet werden / daß die beede dickere Oerter / in der Mitten deß Spieſſes / zuſammen geſtecket werden / weil daſelbſt die Hitze deß Feuers am beſten hinzu kommen kan / und der Braten alſo eher und beſſer ausgebraten wird: betreifft ihn dann / mit dem / was in die Bratpfannen abgetropffet / und laſt ihn alſo abbraten; zuvor aber / etwan eine halbe Stund ehe er gantz fertig iſt / beſtreuet ihn mit Kümmel / und tragt ihn dann zu Tiſch.*

*Die Schweinene Braten kan man auch gar wol in einem Bach= oder Brat=Oefelein braten / und vermeinen etliche / daß ſie darinnen ſchöner und beſſer werden ſollen / als an dem Spieß.

9. Hüner in Eyerdottern.

NEhmet die reinlich abgebrüht und geputzte Hüner / ſchneidets zu Vierteln / ſaltzt und röſtets im Schmaltz / daß ſie ſchön gelb werden; gieſſt dann in einen ſtollichten Hafen ein wenig Fleiſchbrüh / Wein und Eſſig daran / zuckert und würtzets nach belieben / und laſt ſie alſo ſieden: Indeſſen zerklopffet zu zweyen Hünern zwey Eyerdottern / gieſſet von der ſiedenden

Hüner=Brüh daran / und zerrühret sie wohl: Leget dann die Hüner in eine
Schüssel / giesst die Brüh darüber / streuet Trisanet darauf / und bele-
get sie mit Plätzen oder Scheiben von Citronen.

10. Ein junges Hun / wie ein Rebhun zu braten.

NEhmet ein junges Hun / ertrancket mit Essig / wie die bald hernach be-
schriebene Tauben / hängets auf / und lassets verzappeln / rupffets /
schneidets auf / nehmets aus / und waschets mit Wein / würtzets innen und
aussen wohl ein / und setzets über Nacht in Keller: Wann man will / kan
mans auch spicken / steckets dann an / und bratets wie ein ander Hun /
und machet eine Brüh darüber nach belieben.

11. Wilde Tauben zu braten.

MAn nehme die Tauben / rupffe / kröpffe / und nehme sie aus / wie die Hü-
ner / wasche sie zu erst von innen und aussen mit Wasser / dann mit Wein
und Essig; nechst deme würtze man selbige / und lasse sie vier biß fünff
Tage lang im Essig ligen und beitzen: dann spicke und brate man sie wie
ein Rebhun / jedoch etwas länger / weil sie zäher vom Fleisch sind: wann
sie dann fertig / werden sie in eine Schüssel gelegt / mit Blumwerck und
Citronen ausgezieret / oder aber eine Brüh / wie über die Rebhüner / im
nachfolgenden Theil beschrieben / darüber gemacht.

12. Krammets=Vögel / Mistler und Troscheln zu braten.

NEhmet die Vögel / rupfft und ziehet sie über den Kopff ab / legts eine
weil in ein Wasser / dann saltzet und pfeffert sie / lassets also im Saltz
und Gewürtz ein wenig ligen / steckts darnach überzwerch an den Spieß /
steckt ihnen die Füsse fein übersich / und betreiffts mit Butter oder
heissem Schmaltz: wan sie nun schier gebraten sind / bestreuet sie mit ge-
riebenen weissen oder rockenen Brod / und wann dieses ein wenig an ihnen
ertrocknet ist / betropffet sie nochmal mit zerlassener Butter / damit
sie fein licht=braun und giftig werden / ziehets dann ab / legts in eine
Schüssel / und zieret sie aus nach gefallen.

13. Einen Reh=Zehmer zu braten.

EIn Reh=Zehmer wird ebenfalls wie ein ander Wildpret / gehäutet / und nach dem er alt oder jung ist / lang oder wenig eingebeitzet; alsdann gespicket und mit Saltz / Pfeffer und Negelein / wohl eingewürtzet: wann man den Zehmer anstecken will / leget man das Einwendige auf den Spieß / daß das gespickte übersich kommet; dann stecket man zwey starcke Zwecke oben und unten in das Ruckgrad / und bindet sie dabey mit einem Bindfaden wohl vest an den Spieß: hernach wird er noch ferner mit drey oder vier höltzernen Spießlein in der Mitte wohl angezwecket / und alsdann fein gemach drey oder vier Stunden lang / nachdem er starck ist / abgebraten / in eine Schüssel gelegt / mit Blumwerck und Citronen=Plätzen ausgezieret / und mit klein geschnittenen Citronen=Schelffen überstreuet.

14. Junge Häslein gefüllt zu braten.

DAs junge Häslein ziehet wie einen grossen ab / schneidet aber den Bauch nicht gar zu weit auf / nehmet das Eingeweid heraus / waschet das Häslein mit Wasser / und hernach / so es beliebt / auch mit Essig reinlich aus / bereibet es mit seiner eigenen Leber; nehmet dann ausgekörnete Rosinen / Weinbeere oder Corinthen / abgezogene und geschnittene Mandeln / und zwar eines so viel als deß andern / ingleichen auch geriebenes Brod / worunter einige ein gehacktes Gäns=Leberlein thun / und zugleich mit im Butter oder Schmaltz rösten; solches wird mit obgemeldten Rosinen / Weinbeeren und Mandeln vermischet / alles zusammen mit Pfeffer / Cardamomen / Muscatnüssen / und ein wenig Zimmet gewürtzet; dann Eyer daran geschlagen / und diese Füll in das Häslein gefüllet / nachmals der Bauch wiederum zugenehet; und nachdem das Häslein gehäutet worden / mit klein=geschnittenen Speck gespickt / eingesaltzen / und mit Pfeffer / Negelein / auch anderer guter Gewürtz eingewürtzet / und dann an den Spieß gesteckt / mit warmen Essig betreifft / safftig abgebraten / und mit Citronen / wie gebräuchlich / ausgezieret.

15. Einen gehackten Hasen zu braten.

NImm einen frischen Hasen so nicht gebeitzt worden / löse das Fleisch gantz davon / daß die Beine oben alle an einander bleiben; hacke dann das

Fleiſch vom Haſen / und den vierdten Theil ſo viel Speck / wohl klein /
leg es in einen Napff / ſchlag drey Eyer daran / und würtze es mit Pfef-
fer / Cardamomen / Muſcaten=Blüh und Negelein / rühre alles wohl unter
einander / ſchlags dann an die Beine / formire es alſo / daß es einem Ha-
ſen gleichet / winde einen Zwirnfaden darum / ſo bleibt es etwas veſter
und beſſer beyſammen; thue alsdann Butter in eine Bratpfanne / leg zwey
dinn= und lang=geſpaltene Höltzlein oder Schleiſſen darein / und den ge-
hackten Haſen darauf / laß ſelbigen alſo in einem Bach=Oefelen braten /
übergieß ihn offt mit Butter / und beſtecke ihn dann / wann er fertig iſt
/ mit Pinien= oder Krafft=Nüßlein.

16. Eine Haſen=Paſteten.

DIe Haſen werden zuvor gebeitzt und geſpickt / und ihnen das Ruckgrad /
an zwey oder dreyen Orten / ein wenig gelöſt / die Beine abgeſchlagen /
die Füſſe biß an das Gelenck davon geſchnitten; und alsdann / wann ſie
gewürtzet worden / in einen länglichten Teig oder Paſteten eingeſchlagen.
Wann man aber einen Haſen mit einem Gehäck einſchlagen will / ſo kan man
das Gehäck zuvor auf dieſe Weiß zuſamm machen: Das Vorhäs oder die vördere
Lauffer vom Haſen / ſiedet man im Waſſer ab / biß ſie weich werden / und
das Fleiſch ſich gerne von den Beinen löſen läſſet; dann hacket man ſel-
biges ſamt einem Speck wol klein / thut es in ein Nepfflein / und eine
Hand voll gerieben Rocken=Brod / wie auch eben ſo viel Zucker daran /
gieſſet ein wenig Eſſig / nach belieben / dazu / ſchläget ein paar Eyer
darein / und rühret es alles wohl unter einander / würtzets dann mit Saltz
/ Pfeffer / Ingber / Negelein / Cardamomen und Muſcatblüh / rührt auch ein
wenig klein=geſchnittene Citronen=Schelffen darunter; macht es alſo ferner
zuſammen / wie ſchon gedacht: Dieſes Gehäck pflegt man auf den ausgewäl-
cherten Teig deß Bodens / und den bereits gewürtzten Haſen zu legen / auf
ſelbigen aber Citronen=Plätze und Butter / und ihn mit Gewürtz noch ein-
mal zu beſtreuen / alsdann die Paſteten nach der Form deß Haſens gar zu
verfertigen. Man darff aber dieſer Paſteten / weil ſie mit einem Gehäck
gemacht iſt / nur eine einige Brüh geben; nemlich / wann ſie eine halbe
Stund im Ofen geſtanden / ein halb Seidlein / halb Eſſig und Wein / und
alsdann ſelbige ferner abbachen laſſen.

17. Eine Rindfleiſch=Paſteten.

DAs Rindfleiſch / als etwan einen Riemen oder ander fleiſchichtes Stuck /
kan man auch gantz auf dieſe Weiß / wie das Wildpret in eine Paſteten
ſchlagen / indem es gleichfalls zuvor eingebeitzt / auf einem Roſt / oder
in einem Ofen / ehe man es einſchlägt / ein wenig abgetrocknet / geſpickt /
und ferner mit Gewürtz und Citronen belegt / und eingeſchlagen werden muß:
Iſt das Fleiſch nicht lang eingebeitzt geweſen / ſo kan man der Paſteten
eben auch zwey Brühen geben / wie allen andern ſchwartzen Paſteten; als
nemlich: die erſte mit Eſſig und Wein / und die andere mit dem geröſteten
Mehl; iſt es aber lang gebeitzt / verbleibt es nur bey der einfachen.

18. Einen Niernbraten zu braten.

Wäſſert und waſchet den Niernbraten / ſaltzet ihn ein / laſt ſelbigen eine
Stund oder länger im Saltz ligen / ſtecket ihn alſo an den Spieß / daß das
dickeſte von dem Nieren oben hinauf komme; betreifft ihn mit Schmaltz /
oder aber bedupfft denſelben mit Butter / gieſſt ein wenig Waſſer in die
Bratpfannen / und laſt ihn alſo allgemach drey Stunden lang braten / nach
dem er nemlich groß oder klein iſt.

19. Eine gebachene Leber.

WAnn die Leber reinlich gewaſchen / und gehäutet worden / zerſchneide ſel-
bige zu dinnen Stücklein / ſaltze ſie aber nicht / ſondern melbs alſobal-
den ein / und bachs aus einer Butter oder Schmaltz ſchön licht heraus;
legs dann in eine Schüſſel / beſtreue es mit ein wenig Saltz / und klein=
geſchnittenen Citronen=Schelffen; druck auch entweder alſobald / oder aber
erſt bey Tiſch / den Safft von Citronen darauf / nach deinem belieben.

20. Hirn=Knötlein.

SIedet das Hirn zuvörderſt ab / und hacket es / nehmet ein wenig geriebe-
nes Semmelmehl oder Eyerbrod / röſtets in Butter / und rührt es darunter /
ſchlaget auch ein paar Eyer daran / würtzets mit Cardamomen und Muſcaten=
Blüh: wann es beliebt / kan man auch Weinbeerlein oder Corinthen / inglei-

chen auch gehacktes und zuvor im Butter geröſtetes Peterſilien=Kraut /
darunter miſchen: Wann nun alles wohl unter einander gerühret worden /
formiret kleine Klöslein oder Knötlein daraus / macht ein Schmaltz in ei-
ner Pfannen heiß / leget die Knötlein darein / und bachets ſchön hell und
10 ſchnell heraus; tragets dann alſo gebachen und trocken zu Tiſch / oder
aber machet eine Butter=Brüh darüber.*

*Wer will / kan auch aus dieſem Knötlein=Gehäck / länglichte Würſtlein
auf einem Deller formiren / und aus Schmaltz heraus bachen.

21. Ein Aal in einer Butter=Brühe.

SIede den Aal im Saltzwaſſer / wann er geſotten iſt / ſeihe das Waſſer
davon; gieß eine Erbis=Brühe daran / laß ihn zimlich lang ſieden / und
thue einen guten Theil Butter dazu / ingleichen auch Ingber / Pfeffer /
5 Cardamomen und Muſcatblühe / richte ihn an / und ſtreue Muſcatenblühe
darauf.

22. Ein Hecht im ſauern Kraut.

SChuppe den Hecht / ſiede ihn im Saltzwaſſer / ſeihe ſelbiges / wann er
geſotten / davon ab / thue den Fiſch auf einen Teller oder Schüſſel / zer-
blättere ihn und klaube die Gräte davon: indeſſen nimm ſaueres Kraut /
5 waſch es mit Waſſer ein wenig aus / gieß Wein daran / (iſt aber die Zeit /
daß man den neuen Wein oder Moſt haben kan / ſo bediene dich deſſelbigen /
dann wird er davon noch beſſer /) und würff zu letzt ein gut Stuck Butter
dazu / laß ſieden biß weich iſt / ſtreue in eine zinnerne Schüſſel am Bo-
den Muſcatblühe / Cardamomen / und klein=zerſchnittene Citronen=Schelffen
10 / thue Butter dazu / mach eine Lag ſauers Kraut darauf / beſtreue und be-
lege ſolches mit dem gedachten Gewürtz und der Butter / und dieſes mit
dem ausgeblätterten Hecht: dann lege wieder Kraut / und alſo wechſel=Weiß
eines um das andere biß die Schüſſel voll iſt / decke ſelbige zu / ſetz
es auf eine Kohlen / und laß einen wall oder etliche aufthun.*

15 *So es beliebt / kan man auch Citronen=Safft darein drucken / und derglei-
chen würfflicht=geſchnittene Schelffen darauf ſtreuen: wann man es nun zu
Tiſch tragen will / kan man den zuvor mit abgeſottenen Hecht=Kopff in der
Mitte darauf ſtecken / und die Leber davon ins Maul geben.

23. Ein Karpff in einer Limonien=Brüh.

MAche den Fisch / zuvor geschuppt / am Rucken auf / und schneide vier Stück daraus; hernach siede denselben im Saltzwasser / wiewol man auch / nach belieben / Essig darunter nehmen kan / wann er gnug gesotten hat /
5 muß er auf das genauste abgeseihet werden / hingegen giesset man Wein und ein wenig Essig darunter / doch also daß der Brühe nicht zu viel werde; thue Muscatblühe und Cardamomen / samt einem Stuck Butter / theils klein= und würfflicht / theils zu dinnen Plätzlein geschnittenen Limonien darein / laß es miteinander aufsieden / lege dann den Fisch in eine Schüs-
10 sel / und die dinnen Limonien=Plätzlein oben darauf / richte die Brüh darüber / und streue zuletzt noch ein wenig Muscatenblühe darauf.

24. Gesottene Tritsch= oder Aal=Ruppen

NImm die Tritsch= oder Aal=Ruppen / stecke ihnen den Finger ins Maul / und biege den Kopff hinter sich / so bricht ihnen das Genick; hernach schneide sie am Bauch auf / und thue das Eingeweid alles heraus / biß auf
5 die Lebern / die lasse allein darinn / und wasche sie schön; laß aber zuvor Erbsen weich sieden / zwings mit einem heissen Wasser durch / und mache von denen durchgezwungenen Erbsen das lautere nochmal aufsiedend; lege dann die Ruppen hinein / und lasse sie so lang darinnen sieden / als weiche Eyer / würff ein Händlein voll Saltz hinein / und laß noch einen
10 Sud aufthun / aber doch nur so lang biß sie mild werden / dann sie werden sonsten nur zäh: seihe hierauf die Brühe gantz davon herab / und giesse eine andere frische / etwas dickere / Erbsen=Brühe / zusamt ein wenig Fleischbrühe daran / und würtze sie mit Ingber / Pfeffer / Muscatblühe und Cardamomen; laß mit einem guten theil Butter noch einen Sud thun /
15 versuchs ob die Brühe nicht zu wenig oder zu viel gesaltzen: lege dann die Fische in eine Schüssel / gieß die Brühe darüber / streue Muscatblüh darauf / und trags zu Tisch.

25. Gebratene Schleyen.

ZIehe denen Schleyen die Haut ab / wie einem Aal / mache sie am Bauch auf / nimm das Eingeweid heraus / wasche / saltze und würtze es / binde sie in Salbey=Blätter / umwinds mit einem Zwirn=Faden / daß sie nicht davon abfallen können; thue frisches Schmaltz oder Oel in ein Brat=Pfännlein / lege die Fische darein / und brate sie auf einer Glut schön ab.

26. Neunaugen zu sieden.

LEge die Neunaugen in eine Schüssel / gieß ein= oder dreymal heiß=siedendes Wasser darüber / und haue dieselbige mit einem Besenreisig / daß der Schleim davon herab komme; würff sie hernach in ein kaltes Wasser / und drucke sie vornher beym Kopff wohl / so gehet jeden ein Bluts=Tröpfflein aus dem Maul / (welches man vor ungesund halten will /) oder aber schneide und würff den Kopff / und ein wenig vom Schwantz / gar hinweg; laß alsdann diese Fische im Wasser / welches ein wenig gesaltzen / in einer Pfannen so lang als weiche Eyer sieden: nach diesem seihe das Wasser wieder herab / und gieß eine Erbsen=Brühe daran / würtze es mit Ingber / Pfeffer / Cardamomen und Muscatblüh / laß sie mit einem guten theil Butter noch ein wenig sieden / saltz es auch so viel als nöthig / richts an / und streue Muscaten=Blüh darauf.

27. Einen dörren Lax zu braten.

NEhmet den Lax / thut die Schuppen davon herab; alsdann schneidet länglichte Stücklein / so dünn als es seyn kan / von demselben herunter / leget diese auf einen steinernen Teller / giesst ein weisses Bier darüber / lasst sie eine Stund lang darinnen ligen: alsdann schmieret einen Rost mit Butter / legt den eingeweichten Lax darauf / bestreichet selbigen auf beeden Seiten auch mit Butter / und bratet ihn auf der Kohlen / daß er schön warm und giftig werde: alsdann tragt ihn gleich auf den Tisch / und last ihn also heiß essen.

28. Süsse Picklinge zu braten.

ZIehe ihnen die Haut ab und legs auf den Rost / brate sie auch über einem gelinden Kohlfeuer / laß sie schwitzen / und bestreichs mit Butter: Oder aber mache ein Schärtlein aus Papier / gieß Baum=Oel oder Butter darein / und lege die Picklinge in selbiges: hernach setze es auf einen Rost über die Kohlen / laß also braten; leg dann die Fische in eine Schüssel / drucke Citronen=Safft darauf / und trage sie zum Salat auf.

29. Gebachene Heringe.

Wässere und trockne die Heringe / schneide ihnen den Kopff ab / und so dann in der Mitte überzwerch von einander / schwinge sie im Mehl / mache ein Schmaltz heiß / bache sie schön licht heraus / und trage sie zum sauern Kraut / oder auch ohne dasselbige / zu Tisch.

30. Ein Stockfisch im Peterlein oder Petersilien.

LAß den Stockfisch im Wasser absieden / dann seihe dasselbe gantz rein ab / und blättere ihn aus / thue Butter in eine zinnerne Schüssel / streue ein wenig Saltz / Ingber / Muscatblüh und gehackt Petersilien= Kraut darein; mach hernach eine Lag von dem geblätterten Stockfisch dar- über / streue wieder Saltz / Ingber / Muscatblüh und gehackt Petersilien= Kraut darauf / thue aber allezeit eine Butter dazu / dann wieder von dem Fisch / und so fort an / biß die Schüssel voll ist: alsdann decke sie zu / setz es auf eine Kohlen / und laß aufsieden.

31. Gebachene Krebs in einer Brüh.

SIede die Krebse / und löse die Scheeren und Schalen herab / doch daß der Schwantz an dem Krebs bleibt / schneide die Füsse hinweg / bache den Krebs im Schmaltz; nimm die Scheeren und Füsse / zerstosse sie in einem Mörsel wohl klein / treibs mit Wein durch einen Seiher; thue Zucker / Ingber / Pfeffer und ein wenig Muscaten=Blüh daran / laß sieden / und giesse es über die zuvor gebachne Krebse.

32. Semmel=Knötlein.

NImm alt=gebachen Eyerbrod / reibs / mach ein Schmaltz heiß / brenn es auf das geriebene Brod / schlag fünff oder sechs Eyer daran / würtz es mit Pfeffer / Ingber / Muscatblüh / Cardamomen / Saffran und ein wenig Saltz; mach alsdann in dem Pfännlein / darinnen das Schmaltz heiß gemacht worden / die Knötlein fein rund mit dem Koch=Löffel / legs hernach nach einander in die siedende Fleischbrüh / und laß wohl durchaus sieden / so sind sie recht: Wer will / kan auch Weinbeerlein oder Corinthen darunter mischen.

33. Bohnen zu kochen.

LEget die Bohnen in ein Waſſer / ſo gehet die Haut herab; macht hernach eine Butter heiß / und röſtets darinnen eine gute weile / ſchüttets in einen ſtollichten Hafen / gieſſt Fleiſchbrüh daran / pfefferts / laſt es
5 ſieden / daß die Brüh etwas dicklicht wird / und die Bohnen weich werden: Alsdann kan mans in eine Schüſſel richten. Wanns aber beliebt / mag man auch zuletzt ein wenig gehacktes Peterſilien=Kraut daran thun / und alſo noch einen Sud mit aufthun laſſen.

34. Friſche= oder Kief=Erbſen zu kochen.

NEhmet junge / ſüſſe / friſche Erbſen / ſo wir Kief=Erbſen nennen / körnet ſie aus / waſchets / und thuts in ein Häfelein / gieſſt eine Fleiſchbrüh daran / würtzets mit Pfeffer und Muſcatblüh / thut auch ein gut theil
5 Butter dazu / röſtet nach belieben ein Stäublein Mehl / und brennet es ebenfalls darein / ſo wird die Brüh etwas dicklicht und darff man alsdann nicht ſo viel Butter / ſondern nur zuletzt ein Stücklein daran thun: Wann aber die Erbſen ſchon etwas ſtarck ſind / kan man ſie zuvor im Waſſer / oder einer ſchlechten Fleiſchbrüh abſieden / hernach abſeihen / und wie-
10 der eine gute Fleiſchbrüh vom neuen daran gieſſen / alsdann ferner mit Gewürtz und Butter gar verfertigen / wie erſt gedacht.

35. Spargel in Oel zu braten.

SChneidet an einem dicken langen Spargel das Weiſſe von den Stielen ein wenig ab / legt ihn eine Stund in ein friſches Waſſer / waſchet denſelben und ſchwinget das Waſſer wohl davon; thut ein Oel in ein Bratpfännlein /
5 machet es warm / leget den Spargel hinein / und laſt ihn braten daß er fein härtlicht bleibe: dann ſeihet das Oel herab / und beſprenget den Spargel mit Saltz und Pfeffer / ſchwinget ihn ein wenig darinnen herum / und ſchlichtet ſelbigen in eine Schüſſel / gieſſet von dem Oel / darinnen er gebraten / etwas darüber; ſetzet ihn auf eine Kohlen / daß er noch ein
10 wenig aufpratzele / und traget ihn dann ſchön warm zu Tiſch.

36. Gemeine weiſſe Ruben zu kochen.

SChählet die Ruben / und ſchneidets / wann ſie klein und jung ſeyn / zu Vierteln / oder ſonſt Stücklein=weiß / waſchets / machet ein Schmaltz in einer Pfannen heiß / und thut die Ruben hinein / ſchwaiſt ſie wohl darinnen; gieſſt in einen Hafen ein ſiedend Waſſer oder Fleiſchbrüh / oder aber halb Waſſer und Fleiſchbrüh daran / laſſets alſo wohl ſieden; zuletzt brennt ein wenig Mehl darein / und laſt es noch ein= und andern Sud thun.

37. Ein Malvaſier=Mus.

ZIehet ein halb Pfund Mandeln ab / gieſt Malvaſier daran / und ſtoſt die Mandeln damit klein; darnach ſchneidet die Rinden von einer Semmel / und reibet die Broſam an einem Reibeiſen / gieſt auch Malvaſier daran / doch nicht zu viel / damit ſie nicht zu naß werde; laſts ein wenig weichen / und rühret alsdann die geſtoſſene Mandeln ſamt einem Achtel Pfund geſtoſſenen Zucker darunter / thut es in eine Schüſſel oder Schalen / und ſtreichts gleich einem Berg in die Höhe / nach dieſem ſtreuet klein geſtoſſnen und durch=geſiebten Zimmet darauf: dann kan man es mit länglicht= geſchnittenen Mandeln / woran die Spitzlein zu vergulden / und oben auf dem Berg mit einer friſchen oder ſeidenen Blumen oder Lorbeer=Zweiglein / nach belieben / beſtecken.

38. Ein Kachel=Mus.

LAſſe einen Löffel voll Butter in einem Paſteten=Tiegel zergehen / zerklopffe indeſſen zwey Eyer / wirff einen Löffel voll weiſſes Mehl darein / und thu eine halbe Maas ſüſſen Ram oder Kern dazu / klopffe und rühre alles nochmal wohl untereinander; gieſſe es hernach in den Tiegel / ſetz es in eine Brod=röhre oder Bach=Oefelein / und laß den Tiegel offen / daß es oben auch braun werde: wann es dann ausgebachen / ſo nimms heraus und legs auf eine Schüſſel.

39. Ein Dotter=Mus.

NImm einen Löffel voll ſchönes Mehls / röſte daſſelbe im Schmaltz / aber nicht braun / und laß es wieder erkuhlen; darnach klopffe vier Eyerdottern / gieß eine kalte Fleischbrühe dazu / zwyre das Mehl damit an / und laß es mit stetem rühren gemach aufsieden; thue auch Butter darein / und streue Muscatenblühe darauf.

40. Ein Zucker=Mus.

MAn zerklopffet das Weisse von zehen Eyern / giest eine halbe Maas Kern oder süssen Ram und Rosen Wasser dazu; dann zuckert mans und klopffet und quirlet es wol durcheinander / giessts hernach in eine Pfanne / und lässt es auf der Glut / so lang als harte Eyer sieden: wann solches geschehen / wird es durchgeseihet in eine Schüssel / und so es erkaltet / streuet man durch einen ausgeschnittenen Model Zimmet darauf.

41. Ein Mus von Pistacien= oder Krafft=Nüßlein.

Bähe einen Schnitten weisses Brod / weiche dasselbe in eine Capaunen= oder Hüner=Brüh / und thu ein wenig Capaunen=Sultzen dazu; dann stosse ein gut Theil weiß= und grüner Krafft=Nüßlein / und einige Melonen=Kern / mit Wasser ab / zwinge sie dann mit zuvor eingeweichten Brod durch / laß sieden / und ehe du es anrichten wilt / rühre zuvor zwey lind=gesottene Eyerdottern darein / und streue Muscatenblüh darauf.

42. Ein Mandel=Mus.

NEhmet ein gantzes oder halbes Pfund Mandel / nachdeme ihr viel machen wollet / ziehet sie ab / stossts in einem Mörsel / aber nicht gar zu klein / thut sie in eine Schüssel; klaubet ferner einen Reiß / waschet denselben mit einem laulichten Wasser / und wann er wieder dürr und trocken worden / stosset ihn zu einem gantz klaren Mehl / rühret solches mit einer kalten dick abgenommenen Milch an / daß es wohl glatt aber nicht zu dinn werde: lasst hierauf eine andere gute Milch sieden / und werfft / so bald sie zu sieden anfängt / das mit der kalten Milch zuvor angerührte Reiß=Mehl / zu samt denen Mandeln darein / rührts fleissig um / daß es nicht butzigt werde / und lasst es also eine weil sieden / thut zu letzt Zucker darein / und streuet / wann ihr es anrichten wollet / Zimmet und kleine Weinbeerl darauf.[*]

*Hiebey ist zu mercken / ⟨ ⟩ man das Reißmehl zu erst allein mit der kalten Milch anrühre / und al ⟨ ⟩ inn erst die Mandeln darunter mische.

43. Ein Citronen Mus.

NEhmt Eyerdottern / zerrühret sie mit einem Löffel wohl glatt / darnach reibt von einer Citronen die Schelfen auf dem Reibeisen ab / thuts zu denen Eyerdötterlein / schneidet die Citronen von einander / trucket das Marck dazu / nehmt Wein und Zucker / doch daß es nicht zu dünn wird / setzts auf Kohlen / rührets mit einem Löffel so lang um / biß es anfängt zu kochen / lassts aber nicht lang sieden / so ist es fertig.

44. Ein Feigen=Mus.

HAcke die Feigen und siede sie im Wein; reibe alsdann Leb= oder Pfeffer= Kuchen und rocken Brod eines so viel als deß andern / röste es zusammen in Butter / und gieß den Wein zusamt denen Feigen darein / kochs alsdann zu einem Mus / streue Zimmet und Zucker darunter / und richt es an.

45. Ein Aepffel=Mus.

SChähle süsse Aepffel / und schneide sie dinn / gieß ein wenig Wein daran / und laß so lang sieden / biß sie weich werden; hernach reib oder rühre sie glatt ab / röste gerieben weiß Brod im Schmaltz / und mische es darunter: alsdann zuckers und würtze es mit Trisanet / und laß noch ein wenig sieden.

46. Ein Birn=Mus.

NEhmet die Birn / schählet selbige / schneidet sie zu vier Theilen / und thut einwendig das Gehäus / mit denen Kernen heraus / darnach röstet die Birn im Schmaltz / daß sie braun werden; wann dieses geschehen / giesst Wein daran / und lasst sie auf einer Kohlen dünsten oder sieden: so sie dann weich sind / treibt sie durch / thut Zimmet daran / und lasst sie noch länger sieden: wann ihr es dann anrichten wolt / streuet zuvor Zucker darauf.

47. Ein Erdbeer=Mus.

WAnn die Erdbeer ſauber gewaſchen / werden ſie zuſamt einem weiſſen Sem-
melſchnitten im ſüſſen oder andern Wein geweicht; dann durch einen Durch-
ſchlag oder Seiher zuſamt den Wein durchgetrieben: dann thut Zucker und
noch ein wenig Semmelmehl daran / und laſt es ferner einen Sud aufthun /
ſo kan man es dann warm oder kalt nach belieben genieſſen.

48. Ein Blaues=Mus.

NEhmet blaue Korn=Blumen / pflicket die Blätter davon / darnach waſchet
und reibet ſie in einem Reib=Topff klein / gieſſet Roſen=Waſſer daran /
und zwingts durch ein Tuch; nach dem zuckerts / und rührets unter abge-
riebene Mandeln: es darff aber nicht geſotten werden / ſo bleibt es ſchön
blau.

49. Ein Reiß in der Milch.

BRühe ein viertel Pfund geklaubten Reiß mit ſiedendem Waſſer an / und
waſche ihn hernach im kalten Waſſer wieder aus; thue alsdann in einen rei-
nen Topff oder Hafen ein wenig friſches Schmaltz / laß es darinnen um-
lauffen / ſchütte den Reiß dazu; mache in einer Pfanne eine Maas gantzer
Milch / von welcher der Ram noch nicht abgenommen worden / ſiedend / gieß
dieſelbe über den Reiß / ſetze ihn von fernen zum Feuer / und gib im Ko-
chen gute achtung / dann er legt ſich gerne an: wann er nun die rechte
Dicke erlanget / ſo wirff ein Stück Butter dazu / und laß es mit hinein
ſieden: zu letzt nimm ihn vom Feuer / wirff ein wenig Saltz darein / laß
ihn aber alsdann nicht mehr ſieden / dann er laufft ſonſt zuſammen; wann
er dann angerichtet worden / ſo beſtreiche ihn oben mit Butter.

50. Gebrennte Küchlein.

GIeß ein reines Waſſer in eine Pfannen / ſaltze es / würff ein Stuck But-
ter hinein / und laß ſieden; ſchütte es hernach an ein Mehl in eine Schüſ-
ſel / und rühre ſelbiges wohl ab / daß es zu einem glatten Teig / und ſo
dick werde / daß er das Waſſer anſchlucket: laß hernach ein klein wenig

Schmaltz in einem Pfännlein wohl heiß werden / schütte den Teig darein /
und brenne ihn so lang ab / biß er wohl ertrocknet; lege nach diesem den
Teig in eine Schüssel / und etliche Eyer in ein laulichtes Wasser / schla-
ge / wann sie warm sind / eines nach dem andern in den Teig / daß dersel-
bige schön glatt wird / rühre ihn geschwind ab / daß er nicht erkalte;
legs hernach mit einem eisernen Löffel / so zuvor ins Schmaltz geduncket
worden / in ein Schmaltz / das nicht zu warm noch zu kalt ist / und bachs
/ wann sie aufgegangen sind / fein langsam ab.

51. Weixeln zu bachen.

Röstet das Mehl wohl trocken im Schmaltz / schüttet in einem Geschirr ei-
nen kalten Wein daran / doch nicht zu viel / sondern nur daß das Mehl da-
mit eingenetzet werde; rühret ihn mit Eyer=weiß ab / setzt ihn auf ein
heisses Wasser / daß er warm bleibt / ziehet die Weixeln dadurch / und
bachets aus Schmaltz.

52. Einen Gogelhopffen zu bachen.

NEhmet ein viertel Pfund frisches Schmaltz / rühret dasselbe in einer
Schüssel eine halbe Stund ab / schlaget sechs gantze Eyer und vier Dot-
tern / eines nach dem andern / darein; giesset ein wenig Rosenwasser und
Zucker / nach belieben / darunter / saltzets ein wenig / rühret drey Löf-
fel voll gute weisse Bier=Heffen / und vier Löffel voll süssen Ram / in-
gleichen auch zehen guter Löffel voll deß schönsten und besten Mehls /
darunter / daß es ein schönes Teiglein wird: Schmieret einen Dorten=Model
mit Butter / giesset den Teig darein / aber nicht voll / lasset selbigen
ein wenig vor dem Ofen gehen / und dann in dem Oefelein / gantz gemach /
eine halbe Stund lang bachen / doch daß er nicht zu braun werde / und
streuet Zucker darauf.

G.

DRUCK

NÜRNBERG A. 1789/90

1. Geſtoßne Hühnerſuppe.

Nimm eine geſottne halbe Henne und hacke das Fleiſch ganz klein, ſtoße hernach die Beine ſamt dem gehackten Fleiſch und 10 bis 12 Mandelkernen nebſt ein paar hartgeſottenen Eyerdottern in einem Mörſel, thue es mit etlichen ſchön gelb gebähten weißen Brodſchnitten in einen Topf, gieße von der Hühnerbrühe daran, und laſſe es mit Peterſilienwurzeln und Zellerie eine Stunde lang kochen, treibe es durch einen Durchſchlag, thue Muſcatenblüthe und ein Stückchen friſche Butter daran, laſſe es noch einmal aufſieden, und richte es über gebähtes weißes Brod, oder allerley kleine Klöße an. Zu einer geſtoßnen halben Henne nimmt man anderthalb Maas Brühe.

2. Käßſuppe auf holländiſche Art.

Laß geriebenen Parmeſankäſe in halb Waſſer und Fleiſchbrühe aufkochen, ſeihe es durch einen Durchſchlag und ſtelle es mit geſtoßnen Ingwer und Muſcatenblüthe nebſt einem guten Theil ſauern Raum und einem guten Stück friſcher Butter zum Feuer, wenn es aufgekocht hat, wird es über gebähtes Brod gegoſſen und zu Tiſch getragen.

3. Fiſch=Suppe.

Backe ein Stück Karpfen oder Schleyhen, wie auch etliche Semmelſchnitten, und ein paar Eyer, ſtoße alles mit einander im Mörſel ganz klein, thue ſolches in ein Geſchirr mit etwas Wurzeln, ein wenig Baſilicum und Kuttelkraut, fülle es an mit klarer Erbſenſuppe, und laſſe es kochen; wenn alles wohl verkocht hat, treibe die Suppe durch, gieße ſie in ein Geſchirr um warm zu erhalten, ſalze ſie, reibe ein wenig Muſcatennuß dazu, backe oder bähe Semmelſchnitte, richte ſie in die Suppenſchüſſel, und gieße die Suppe darüber. Es kann auch eine braune Faſtenſuppe dazu genommen werden.

4. Franzöſiſche Suppe.

Es wird ein Pfund magerer Schinken klein geſchnitten, zwey Zellerierüben, ein paar Zwiebeln, etwas Peterſilienwurzeln ebenfalls klein geſchnitten, läßt es in einem Kaſtrol auf Kohlen dämpfen, und beſtreut es mit Mehl, gießet kochende Bouillon doch ohne Salz daran, und läßt es kochen; alsdenn röstet man ein Viertelpfund süße Mandeln mit sechs Stück bittern Mandeln, nebst sechs gekochten Eyerdottern und etwas gebähtem weißen Brod, hackt das Fleisch von einem alten abgekochten Huhn recht klein, läßt alles miteinander mit etwas ganzer Muscatenblühe kochen, füllet das Fett ab, seihet es durch ein Sieb, läßt es unter beständigem Umrühren heiß werden, und richtet es über geröstete Semmelscheiben.

5. Kalbsbrust mit gedürrtem Schinken zu braten.

Wann die Kalbsbrust gehörig mit Salz bestreut, so wird sie mit Speckstreifen und gedürrten Schinken in Scheiben geschnitten, mit Papier belegt, welches mit Butter bestrichen wird, umbunden, an den Spieß gesteckt, und schnell abgebraten; wann sie fertig ist, so kommen die Speckstreifen auf die Schüssel, und der Braten darauf, der Schinken wird auf den Schüsselrand gelegt, und mit einer Schinkenbrühe begossen. Die Zubereitung davon ist folgende: Man legt etwas dünn geschnittnen Speck, der zuvor mit gehackten Kräutern bestreut ist, in ein Kastrol mit gedürrten Schinken und Kalbfleisch, beydes in dünne Scheiben geschnitten, stellet es auf Kohlen, läßt es so lang dämpfen, bis sich der rothe Saft heraus gezogen, etwas von einer ganz klein gehackten Zwiebel und etwas Mehl wird darauf gestreut, ein paar mal geschwungen, alsdann wird Bouillon darauf gegossen, so viel man zur Soos braucht, wie auch gehacktes Petersilienkraut mit etwas Basilicum und einem Löffel voll Weinessig. Wann es aufgekocht, so wird es durchgeseiht, noch einmal auf Kohlen gestellt, und wann es noch einen Sud gethan hat, so wird es über den Braten gegossen.

6. Einen Lammsschlegel auf Rehart zu braten.

Nimm ein Lammsschlegelein und bläue es wohl; häute es schön ab, steche mit einem kleinen Hohleisen Löcher, und streue gestoßne Nägelein darein, überstreiche es mit frischem Blut, lasse es trocken werden, lege es auf einen Rost, daß das Fleisch roth wird; alsdann lege es etliche Tage in Essig, mit gestoßnen Lorbeerblättern und Kümmel, durchziehe es mit klarem Speck, würze es mit Salz, gestoßnem Pfeffer und gestoßnen Nägelein wohl ein, lasse es zugedeckt ein paar Stunden liegen, stecke es an den

Spieß, brate es mit Waſſer und Eſſig ſchön ab, und lege etliche geſtoßne
Wachholderbeere in die Brühe. Eine Viertelſtunde vor dem Abbraten gieß
eine Coffeeſchaale voll Weichſeleſſig in die Bratenbrühe, mit etwas braun
geſottnen Kanarienzucker, auch etwas Butter, und beſtreiche es damit, daß
es Couleur bekommt. Wann es fertig iſt, legt man es in eine Schüſſel, und
richtet etwas von dieſer Brühe darüber, beſtreut es mit geſtoßnen Näge-
lein, und legt Zitronenſcheiben darauf.

7. Gedämpftes Rindfleiſch auf andre Art.

Lege ein großes Stück Rindfleiſch acht Tage in Weineſſig, würze es mit
Ingwer, Pfeffer, Muſcatennuß, Cardamomen, Nägelein und Salz. Lege es in
einen Tiegel, thue Champignon, Zwiebeln, Zitronenplätze, ein wenig Rosma-
rin und Wein daran, decke es zu, verklebe die Stürze mit Teig, und laſſe
es etliche Stunden gemach dämpfen. Man kann den Tiegel zuweilen ſchwingen,
damit man höre, ob ſich Brühe darinn befinde, wo nicht, ſo kann man ihn
aufmachen, und Fleiſchbrühe, Wein oder Waſſer daran gieſen. Wann es bald
fertig iſt, kann man geriebenes Brod oder braunes Mehl daran thun, daß
es eine dicke Brühe bekommt. Ehe man aber das Brod daran thut, muß das
Fett vorher abgenommen werden. Wann man es anrichtet, ſo kann man klein
geſchnittne Zitronenſchaalen darauf ſtreuen.

8. Eine Schweinskeule auf gemeine Art zu braten.

Von der Keule wird die Haut abgezogen und etliche Tage in die Beitz ge-
legt; dann mit Salz und Pfeffer beſtreut und mit halb Eßig und Waſſer am
Spieß oder im Ofen gebraten. Hernach gießt man etwas Fleiſchbrühe in einen
Tiegel mit gebähten Roggenbrod, läßt es mit etlichen Zitronenſcheiben auf-
kochen, ſeihet es durch, ſtellt es wieder zum Feuer, gießt ein Glas Wein
daran, geſtoßne Gewürznägelein, geſchnittne Zitronen und etwas geriebnen
Pfefferkuchen; wann man will, kann man auch groſſe Roſinen dazu thun; und
wann es aufgekocht hat, wird die Keule auf eine Schüſſel gelegt, und die
Brühe darüber gegoſſen.

9. Ein Spanferkel zu braten.

Dieses muß mit heißem Wasser abgebrüht werden, ausgenommen, schön abgewaschen, ein paar Stunden in frisches Wasser gelegt, herausgewaschen, inwendig mit Salz und Pfeffer eingerieben, an Spieß gesteckt, beym Feuer ganz gemach gebraten, mit einer Speckscheibe bestrichen, und wo vor dem Abbraten anfängt die Haut zu schweißen, wird es mit einem weißen Tuch abgetrocknet und alsdann schön abgebraten. Wird es im Ofen gebraten, so kommt weißer Sand in die Pfanne, auf diesen wird ein Rost gelegt, die Ohren und der Schwanz werden eingebunden, die Füße aufgebogen und gebunden, dann auf den Rost gelegt, im Ofen schön gebraten und zum öftern mit Speck bestrichen.

10. Capaunen mit Meerrettig.

Wenn der Capaun sauber gewaschen, wird er in Stücken geschnitten und gesalzen, dann bleibt er ein paar Stunden liegen, und wird alsdann abgetrocknet, in ein Kastrol Butter gelegt, auf Kohlen gestellt, und die Stücken hineingethan, bis sie Couleur haben, dann wird siedendes Wasser mit etwas Bouillon daran gegossen, nebst etwas Gewürz und feinen Kräutern, und läßt sie gar auskochen, dann wird Meerrettig gerieben mit guter Fleischbrüh, auf Kohlen gestellt, wie auch ein paar Löffel voll gestoßne Mandeln mit etwas Butter und gestoßnen Zimmet dazu aufkochen lassen. Hierauf lege die Stücken in eine Schüssel, gieße den Meerrettig darüber, und trage ihn zu Tisch.

11. Ein Entenragout zu machen.

Man legt die Enten 4 Tage in Weinessig, hernach ehe man sie braten will, thut man sie einsalzen und einwürzen, bratet sie recht gäh ab, daß sie nur braun werden, und inwendig noch roh seyn, hernach werden sie in Viertheile zertheilt, und in einen Tiegel gelegt, gutes Gewürz darauf gestreut, eine Zwiebel mit Nägelein besteckt, klein geschnittne Zitronenschaalen, Lorbeer und Rosmarin, kleine Rheinpfiffer und noch ein wenig Morcheln und Champignons, ein klein wenig Chalotten und etwas Triffel; diese werden angebrüht mit siedendem Wasser und zugedeckt, und nur eine halbe Viertelstunde stehen lassen, und das Wasser abgegossen und in Wein gesotten, und auch daran gethan, und eine Fleischbrühe daran gegossen und kochen lassen; und wenn es noch eine halbe Viertelstunde zu kochen hat, so thut man 4 Loth Sardellen daran, ein wenig Buttermehl und ein wenig Wein, und läßt es ein wenig kochen.

12. Ein gebacknes Huhn.

Putze das Huhn sauber ab, zerschneide es in Viertel, und wasche die Viertel sauber, dann gewürze sie mit Salz und Muscatenblühe, hernach tunke die Viertel von dem Huhn in Eyer ein, stäube sie mit Mehl, und backe sie
5 aus dem Schmalz heraus, und röste Petersilienkraut darauf.

13. Pip= oder welsche Henne gebacken, mit einem Ragout von Morcheln und Triffeln.

Wann die Henne wie die vorhergehenden Hähne zubereitet, so wird sie in Stücken zerschnitten, eingesalzen, und bleibt ein paar Stunden liegen,
5 dann werden die Stücken abgetrocknet, mit Mehl bestreut, und aus heissem Schmalz gebacken. Hierauf kommt Wein und Fleischbrühe in einem Tiegel zum Feuer mit gestoßnem Gewürz; wann es aufkocht, so werden die gebacknen Stücke hineingelegt, mit einer ganzen Zwiebel mit Nägelein besteckt, nebst einigen Lorbeerblättern, und lässet es kochen; dann kommen einge-
10 weichte Morcheln und Triffeln, nebst geschnittnen Zitronen dazu. Wann es ausgekocht, so werden die Stücke in eine Schüssel gelegt, die beyden Flügel oben darauf mit einem Lorbeerblat besteckt, und die Brühe darüber gegossen, die Zwiebel aber bleibt weg.

14. Einen Hasen gefüllt zu braten.

Ziehe den Hasen ab, schneide den Bauch nicht zu weit auf, nehme das Eingeweide heraus, wasche ihn mit Wasser etlichemal aus, und lasse ihn im Wasser eine Zeitlang liegen, dann häute ihn schön ab, hacke die Leber und
5 Lunge mit Petersilienkraut und etwas Zwiebeln ganz klein, röste gerieben weises Brod in Butter, thue das Gehackte dazu, lasse es auf dem Feuer etwas anziehen, thue es in eine Schüssel, rühre 3 Eyerdottern, nebst Salz und gestoßnem Gewürz, auch Rosinen und Weinbeer dazu, feuchte es mit Was-

ſer und Eſſig an, rühre alles unter einander, fülle es in den Hafen, nähe
10 ihn zu, ſpicke ihn mit Speck, ſtecke ihn an den Spieß, und brate ihn
ſchön ſaftig mit Eßig und Butter, und zuletzt beträufle ihn mit Zitronen-
ſaft.

15. Gebacknen Hirſchrücken zuzurichten.

Siede den Hirſchrücken in Waſſer mit Gewürz und feinen Kräutern ab, bis
er weich iſt, dann reibe weiſes und Roggenbrod, thue geſtoßnes Gewürz,
nebſt einer halben abgeriebnen Zitrone daran, rühre es mit zerlaſſener
5 Butter unter einander, lege den abgeſottnen Rücken in eine Tortenpfanne,
beſtreiche ihn mit dem Abgerührten, und laſſe ihn im Ofen ganz gelb ba-
cken. Dann mache folgende Brühe darüber: Nehme eingemachte Kirſchen, ſie-
de ſie mit gebähtem Brod, treibe ſie durch einen Durchſchlag, ſtelle ſie
wieder in einem Tiegel auf Kohlen, gieße ein Glas Wein daran, nebſt ge-
10 ſtoßnen Gewürz. Wann ſie aufgeſotten, ſo gieße es in eine Schüſſel, und
lege den gebacknen Hirſchrücken darauf.

16. Ein gedämpfter Rehſchlegel mit Weichſeln.

Häute den Schlegel ſchön ab, und ſpicke ihn ſchön, dann würze ihn mit
Salz, Nägelein und Cardomomen, thue Schmalz in einen Tiegel, und lege den
Rehſchlegel dazu, decke auch den Tiegel feſt zu, und laſſe es darinnen
5 dämpfen, thue noch ein wenig Waſſer, Eßig und klein geſchnittne Zitronen-
ſchaalen mit daran, nebſt einem ſchwarz gebähten Brod, und laſſe alles
recht weich kochen. Nach dieſem thue eingemachte oder dürre Weichſel mit
Zucker daran, laſſe es unter einander kochen, alsdann richte es an, und
thue die Weichſel oben darauf.

17. Wildpret mit Pfeffer.

Man röſtet geriebnes Roggenbrod in Schmalz, gießet ſüßen Wein daran,
läßet es kochen, und ſeihet es durch, ſtellet es in einem Tiegel auf Koh-
len, ſchneidet Prönellen ganz klein würflicht, und thut ſie an die Brühe.
5 Aus Ermanglung der Prönellen können gedörrte Zwetſchgen abgeſotten wer-
den, etwas von den Zwetſchgen durchgetrieben, doch ohne Brühe, dann ein

paar Löffel voll von dieser Brühe mit gestoßnem Gewürz dazu gethan, und
läßt es mit dem abgekochten Wildpret aufkochen.

18. Pastete von Capaunen.

Dessen Zubereitung ist unterschiedlich. Der bereitete Capaun wird mit
Wein und Essig eine Nacht in Keller gestellt, würzt ihn alsdenn ein, und
stellt ihn mit der Beiz in einem Castrol auf das Kohlfeuer, und läßt ihn
eine halbe Stunde kochen; hackt Kalbfleisch mit Lemonie und Capern ganz
klein, bestreut es mit gestoßenem Gewürz und geriebenen Semmelmehl in
Butter geröst, rühret etwas von der Beiz worinn der Capaun gesotten daran, belegt ein Pastetenblech mit einem ausgerollten mürben Teig, streicht
das Gehackte darauf, legt die Capaunenstücke darauf, bedeckt es mit einem
Deckel, formirt die Pastete, und verfertigt eine Weinsoos. Auf andere Art
mit Ragout wird der Capaun ganz weis am Spieß abgebraten, in eine Pastete
eingeschlagen, und schön gebacken. Wenn sie ausgebacken wird der Deckel
abgeschnitten und ein selbst beliebiges Ragout herumgelegt mit Austern.
Es wird Butter in einem Castrol auf das Kohlfeuer gestellt, legt den gespickten und eingewürzten Capaun hinein, und giebt ihn auf allen Seiten
Couleur, gießet etwas weißen Wein daran nebst geschnittener Zitrone und
Lemonie, rühret ein paar Löffel voll Michlraum an die Soos und läßt es
mit einander dünsten. Legt den Capaun alsdenn auf eine Schale und läßt
ihn etwas abkühlen. Bereitet einen Schmalzteig, rollt ihn aus und legt
ihn auf ein Pastetenblech, bestreicht den Teig mit Butter, bestreut ihn
mit gestoßenem Gewürz, legt den Capaunen darauf, formirt die Pastete mit
einem geblätterten Butterteig und läßt sie im Ofen ganz langsam backen.
Löset Austern aus ihren Schalen, hebt das Meerwasser auf, und bereitet
sie. Läßt sie in Butter mit gestossenem Gewürz und geriebenen Brod etwas
anlaufen, gießet das Meerwasser dazu, hackt gewässerte Sardellen und rühret sie mit etlichen Löffeln voll Milchraum ab, bestreut es mit geschnittener Limonie und läßt es einen Sud aufthun, legt es eine halbe Stunde
vor dem Abbacken in die Pastete, läßt es ausbacken und gießet alsdenn die
übrige Soos hinein.

19. Eine Bocksleber zuzurichten.

Dieser wird die Haut abgezogen, und klein gehackt, dann werden Schalottenzwiebeln in Schmalz mit weis geriebnen Brod geröst, dieses wird in einer Schüssel mit ein paar Eyern, Salz, Pfeffer und Muscatennuß, kleine Rosinen und etwas Milch unter einander gerührt, in ein Netz geschlagen, wie ein Kuchen in eine Pfanne, welche mit Schmalz bestrichen, gelegt, und im Ofen langsam unter öfterm Umwenden backen lassen.

20. Nierenbraten sauer auf französische Art zu braten.

Man thut in einen Tiegel Thimian, Rosmarinblätter, in Scheiben geschnittne Zitronen und Zwiebeln, ganze Pfefferkörner und Nägelein; der Nierenbraten wird mit etwas Salz bestreut, darauf gelegt, guter Eßig darüber gegossen, ein paar Tage beitzen lassen, und fleißig umgewendet. Wird er gebraten, so wird er an den Spieß gesteckt, mit dem nemlichen Eßig, worinnen er gebeitzt, welcher durchgeseiht wird, begossen, und mit Butter beträufelt; alsdann wird Wasser in die Bratenbrühe gegossen, eine halbe Schaale voll zerschnittne Capern darein gelegt, und ein paarmal damit begossen, hernach mit geriebnem Roggenbrod, worunter gestoßne Nägelein gemengt werden, bestreut, mit etwas Butter betropft, und gar abgebraten. Von der Brühe wird das Fett abgenommen, etwas auf eine Schüssel durch einen Seiher geseiht, und den Braten darauf gelegt, mit Rosmarinsträuslein besteckt, mit Zitronenscheiben belegt, und zu Tisch getragen.

21. Kälberzunge zu braten mit einer süßen Brühe.

Man siedet die Zunge nur halb ab, ziehet ihr die Haut ab, schneidet sie förmlich zu, und spicket sie mit klarem Speck; steckt sie an den Spieß, beträuft sie mit Butter, und bräunt sie ab; gießt in eine Schüssel Pontakwein, thut etliche ganze Pfefferkörner, ganzes Gewürz, Nägelein, und ein paar Zitronenscheiben dazu, und läßt es auf Kohlen aufkochen; nimmt alsdann das ganze Gewürz mit den Zitronenscheiben heraus, thut etwas Zucker dazu, legt die gebratne Zunge darauf, und bestreut sie mit gestoßnen Zimmet.

22. Gebacknes Kälbergehirn zuzurichten.

Es wird in warmes Wasser gelegt, schön abgehäutet, und läßt es in einer
Pfanne nur so lang bis es abgeschäumt, kochen, rühret es in einer Schüs-
sel ab, löset die Häutlein mit einem Messer heraus, bestreuet es mit Salz,
Pfeffer, gestoßnen Cardamomen, und geschnittnen Zitronen, befeuchtet es
mit etwas Zitronensaft, rührt alles unter einander, streicht es auf mürbes
Brod, und bedeckt es wieder mit diesem, dunckt es in abgeschlagene Eyer
ein, und läßt es in Schmalz backen; legt es alsdann auf eine Schüssel,
gießet siedenden Wein darüber, und bestreuet es mit gestoßnem Zimmet und
Zucker. In die Mitte der Schüssel kommen Austerschaalen mit gebratenem
Kälberhirn; die Zubereitung davon ist folgende: Wann die Austerschaalen
gereinigt sind, kommt ein Stück Butter mit geriebnen Brod, etwas gestoß-
nem Gewürz, ein Stück abgeschüpftes Kälberhirn, dieses wird mit gehackter
Zitrone und etwas Gewürz bestreut, noch ein Stückchen Butter darauf ge-
legt, und auf Kohlen braten lassen, betropft es mit Zitronensaft und legt
es auf die Schüssel zum Gebackenen. Das Kälberhirn wird auch mit unter-
schiedlichen Brühen gesotten: z.B. mit einer weißen Butterbrühe, Weinbrühe
mit Eyerdottern, Zitronen und saurer Zwiebelbrühe, die alle schon beschrie-
ben worden.

23. Barben blau abgekocht.

Man nimmt eine gute Barbe und nimmt sie aus, schuppet sie aber nicht, son-
dern legt sie in eine Schüssel, gießt siedenden Weineßig darauf, siedet
hernach in einem Fischkessel weisen Wein mit unreifen Traubensaft, Salz,
Pfeffer, Nägelein, Muscatenblumen, grüne Zitronen und trockne Pommeranzen-
schaalen; wenn dieses kocht, legt man die Barben hinein, kocht sie darin-
nen gar, nimmt sie dann heraus, und richtet sie dann auf eine Serviette
an, und garnirt sie mit Petersilie oder Brunnengreß.

24. Einen Aal gefüllt zu machen.

Schneide denselbigen, nachdem er abgezogen worden, in Stücke, wasche ihn
mit Eßig aus, lasse ihn aber zuvor ein wenig darinnen liegen; hernach le-
ge die Stücke auf ein sauber Brett, und lasse sie trocknen. Stoße welsche
Nüße und Mandelkerne untereinander, röste eine Hand voll geriebene Semmel

in Butter, thue geriebne Zitronenſchalen, Salz und gutes Gewürz daran,
rühre alles unter die geſtoßnen Mandeln, und fülle den Aal damit; nähe
die Stücken zu, wende ihn in zerſchmelzter Butter herum, brate ihn als-
denn am Spieß, oder auf dem Roſt ſchön ab. Hernach röſte einen Löffel
voll Buttermehl, gieße Wein und Weineßig daran, geſtoßne Muſcatenblumen,
Zucker, geſchnittene Pomeranzen, und ein Lorbeerblat; wenn es gekocht,
ſo gieße es in die Schüſſel, und lege den gebratnen Aal darein.

25. Gefüllter Cabeljau.

Nehmet den Schwanz von einem Cabeljau, ſchuppet ihn, und ziehet ihm die
Haut gänzlich ab, hebt hernach etwas Fleiſch von dem Cabeljau in die Höhe,
und thut an die Stelle eine gute Fülle, die ihr von Karpfen= und Aal-
fleiſch, feinen Kräutern, Salz und Pfeffer, einigen Champignonen, alles
klein gehackt zuſammen machet. Ziehet die Haut wieder darüber, thut ihn
hernach in eine Tortenpfanne, belegt es mit Butter, und backet ihn im
Backofen, bis er eine ſchöne Farbe bekommt. Man kann auch, wenn man will,
über den Cabeljau einen Ragout machen von Champignonen, Morgeln und Trüf-
feln.

26. Forellen mit Oel gebacken.

Wenn man ſelbige eine Stunde mit Salz eingebeitzet, trocknet man ſie ab,
und legt in eine Tortenpfanne kleine hölzerne Spieße, als einen Roſt, und
gießet gutes weiſes Oel in die Pfanne, mit einem Theil ganz weiſe Zwie-
beln, Lorbeerblätter, ganz Gewürz, dann rangirt man die Forellen darauf,
und begießt ſie oben mit Oel, backet ſie gar, und giebt unten und oben
Feuer; ſelbige richtet man mit dem heißen Oel an, und garnirt ſie mit den
gebacknen Zwiebeln und halben Zitronen.

27. Hauſen zu mariniren.

Erſtlich ſchneidet man den Hauſen in Stücke eines Fingers dick, ſalzt ihn
recht, ſiedet ihn ab in Waſſer und Eßig, doch daß der Eßig vorſchlägt;
läßt ihn kalt werden, legt ihn in ein Fäßlein oder glaſurten Tiegel, und
thut nach einer jeden Lage Hauſen, Lorbeerblätter, Roßmarin und Pfeffer

darauf, alsdenn gießt man Eßig daran, daß er darüber geht. Wenn man ihn
auf die Tafel giebt, ſo kann man ein wenig Baumöl darüber gießen. Alſo
kann man auch Hechte, Karpfen und Schleyhen machen.

28. Hecht in Zwiebeln zu dämpfen.

Wenn der Hecht geſchuppt und in Stücke zerſchnitten worden, ſo röſte ei-
nen guten Theil Zwiebeln, ſamt einem Löffel voll Mehl, im Schmalz; ſiede
auch eine gute Hand voll Erbſen, ſamt etlichen Peterſilienwurzeln in Waſ-
5 ſer ab, doch ſo, daß die Brühe lauter bleibt. Nach dieſem lege den Hecht
auf die geröſteten Zwiebeln, und würze ihn mit grob geſtoßnen Pfeffer,
Ingwer, Muſcatenblüth, Nägelein und Zimmet, gieße die mit den Erbſen und
Peterſilienwurzeln abgeſottene, aber zuvor durchgeſeyhte Brühe darüber,
und laſſe es zuſammen dämpfen. Jedoch muß der Brühe nicht gar zu viel
10 ſeyn.

29. Heringe mit einer Zwiebelſoos.

Man ſchneidet gewäſſerte Heringe mitten entzwey, thut ſie in einen Keſ-
ſel oder Kaſtrol, gießt Waſſer darauf, ſetzt ſie zum Feuer, und nimmt
ſie, wenn das Waſſer einen weiſen Schaum bekommt, wieder vom Feuer. Unter-
5 deſſen ſchält man Zwiebeln, ſchneidet ſie klein, thut ſie in einen Tiegel
oder Kaſtrol, ſtreuet Ingwer, Pfeffer, Safran und eine Handvoll geriebnes
weiſes Brod darein, gießt Brühe oder Peterſilienwaſſer darauf, und ſetzt
es auf Kohlen; ferner thut man ein Stück Butter dazu, und läßt es eine
Weile kochen, bis die Zwiebeln weich zu werden anfangen, und die Brühe
10 dick wird; legt alsdenn die Heringe hinein, laßt ſie ganz gemächlich ein
wenig kochen, und richtet ſie an.

30. Karpfen auf dem Roſt zu braten.

Wenn der Karpf geſchuppt, gewaſchen, und vornen am Bauch aufgeſchnitten
iſt, ſo nimmt man den Roggen heraus, und hackt ihn, ſodann wird etwas ge-
riebnes Brod in Butter geröſtet, welches mit gutem Gewürz vermengt wird,
5 nebſt einem Eyerdottern. Nun wird der Fiſch gefüllt, zugenäht, und in ei-

nen zugemachten Roſt gethan, mit Butter begoſſen, und braten laſſen. Wenn dieſer nun fertig iſt, kann man auch nach Belieben Zitronenmark darauf legen, und zu Tiſche tragen.

31. Neunaugen oder Lampreten zu ſieden.

Man legt ſie in ein Schäfflein Waſſer, nimmt etwas Beſenreiſig, ſäubert den Schleim damit ab, wäſcht ſie aus friſchen Waſſer noch etlichemal, alsdenn legt man ſie in eine Pfanne, ſalzt ſie und gießt Waſſer darüber, und läßt ſie langſam ſieden, als ein weiches Ey, legt ſie in eine Schüſſel, ſtreut gutes Gewürz darauf, gießt Erbſenbrüh darüber, und läßt es auf Kohlen noch ein wenig aufſieden.

32. Stöhr in Baumöl zu backen.

Nehme den Stöhr, ſchuppe ſolchen ſauber, mache ihn am Bauch auf, ſchneide zwey Stücke herab, ſalze ihn ein, und laſſe ihn eine Weile im Salz liegen, hernach trockne das Salz mit einem Tuch wieder ab. Hierauf nehme Baumöl, gieße es in eine Pfanne, ſetze es aufs Feuer, und laſſe es heiß werden, beſtreue den Fiſch ein wenig mit geſtoßnen Nägelein und etwas Mehl, alsdann lege ihn in das heiße Oel, und backe ihn langſam heraus, und gieb ihn warm zu Tiſch.

33. Stockfiſch zu backen.

Schneide den gewäſſerten Stockfiſch in Stücken, beſtreue ihn mit Mehl, und backe ihn in Schmalz, lege die gebacknen Stücke in eine Schüſſel, lege friſche Butter in eine Pfanne, gieße ſüſſen Raum oder Milchraum darüber, laſſe es aufſieden, richte es über den gebacknen Stockfiſch, und ſtelle ſie auf Kohlen, beſtreue ſie mit Pfeffer und Muſcatenblüh, und laſſe es zugedeckt ein wenig aufſieden.

34. Geſchweißte Bohnen mit ſüßen Raum.

Wann die Bohnen klein geſchnitten, kommt gutes Schmalz oder Butter in ein Caſtrol, legt die Bohnen hinein und läßt ſie ſchweißen, gieſſet kochenden

ſüßen Raum daran, und läßt ſie weich kochen, beſtreut ſie mit geſtoßener
Muſcatenblüthe, rühret etliche Eyerdotter mit ſüßen Raum ab, gießet die
Bohnen in eine Schüſſel, ſtellt ſie auf das Kohlfeuer und gießet die abgerührten Eyer darüber, beſtreut ſie mit gehacktem Peterſilienkraut und
trägt ſie zu Tiſch.

35. Blauer Kohl mit einer Caſtanienſoos.

Der Kohl wird ordentlich abgebrüht, läßt ihn auf einen Durchſchlag ablaufen, drückt ihn wohl aus, ſtellt in einem Caſtrol Butter auf das Kohlfeuer mit geriebenen Caſtanien, läßt ſie ein wenig röſten, ſtäubt ein wenig Mehl darauf, legt den Kohl hinein, und läßt es unter ſtetem Umrühren
ſchweißen, beſtreut es mit geſtoßenem Gewürz, gießet etwas Bratenius und
ganz wenig Fleiſchbrühe daran, und läßt es mit einander auskochen; zerſchneidet abgeſchälte Caſtanien darunter, und wenn es aufgeſotten, wird
es in eine Schüſſel gerührt, und mit geriebener Muſcatennuß beſtreut.

36. Blumenkohl mit Schinkeneſſenz auf Böhmiſche Art.

Es wird ein Löffel voll Weizenmehl in zerlaſſene Butter gerührt, und mit
laulichtem Waſſer, etwas Salz und Pfeffer abgerührt, läßt den Blumenkohl
darinnen etwas kochen, legt ihn auf eine Schüſſel, beſtreut ihn mit Muſcatenblüthe, gießet eine Schinkeneſſenz darüber, und läßt es zugedeckt aufkochen.

37. Spargel mit Eyer und Schmalz.

Dazu nimmt man dicken Spargel, brüht ihn in Salzwaſſer doch nicht zu weich
wie Salat, legt ihn zierlich auf eine Schüſſel, beſtreut ihn mit geſtoßener Muſcatenblüthe, gießet etwas Fleiſchbrühe darüber, und ſtellet die
Schüſſel auf Kohlen; rühret Eyer nach Belieben mit ein paar Eßlöffel voll
ſüßen Raum und geſtoßener Muſcatenblüthe ab, läßt in einer meſſingenen
Pfanne Butter zergehen, rührt die Eyer daran, verfertigt ein gelindes
Eyer und Schmalz, und gießet die Fleiſchbrühe vom Spargel und das Eyer
und Schmalz darüber.

38. Aepfelmus mit Eyern.

Die geschälten Aepfel werden klein geschnitten, kocht sie ganz wenig mit etwas Wein, treibt sie durch ein Sieb in eine Schüssel, rühret drey oder vier Eyer mit etwas Zucker und Zimmet und geriebenen Semmelmehl ab, rühret es an die Aepfel, befeuchtet es mit etwas Wein und läßt es auf dem Kohlfeuer aufkochen. Es können auch die Eyer wegbleiben, und gewaschene Weinbeere mit gekocht werden.

39. Birnenmus.

Zu diesem wählt man große Birnen, wann sie geschält worden, werden sie auf dem Reibeisen gerieben; stellt gutes Schmalz in einer Schüssel auf das Kohlfeuer, läßt die geriebenen Birnen darinnen schweißen, bestreut sie mit gestoßenem Gewürz, Zucker, und etwas geriebenen Brod, befeuchtet es mit etwas rothen Wein und läßt es zu Mus kochen.

40. Dattelmus.

Ein halb Pfund Datteln werden ausgelöst, kocht sie in Wein und Wasser, seihet sie ab und hackt sie klein, gießet so viel Pontackwein in eine Schüssel als nöthig ist, röstet etwas geriebenes Semmelmehl in Butter, rühret es mit den gehackten Datteln, mit gestoßenen Zucker und Zimmet unter den Wein, und läßt es aufkochen.

41. Erdbeermus.

Es werden ein paar Stücke weiß gebähtes Brod mit einem Mas belesenen Erdbeeren in Wein gelegt, läßt es etliche Stunden lang stehen, preßt es durch ein Tuch in eine Schüssel, stellt es auf Kohlen, bestreut es mit gestoßenen Zucker und Zimmet, rühret noch etwas geriebenes Semmelmehl darunter, damit es die rechte Dicke bekommt, und läßt es aufkochen.

42. Feigenmus.

Zu diesem nimmt man schöne große Feigen, ziehet die Haut ab, und hackt sie

klein. Sind es dürre Feigen, so werden sie in Wein und Wasser geweicht,
und dann abgezogen; nimmt geriebenes Rockenbrod, nebst geriebenen Laib-
kuchen, röstet es untereinander in Butter, rühret es in einer Schüssel
mit etwas Wein, gestoßenen Zucker und Cardamomen untereinander, stellet
es auf Kohlen und läßt es aufkochen.

43. Kirschenmus.

Von den Kirschen oder Weichseln werden die Steine ausgelöst, läßt sie mit
Butter in einem Castrol schweißen, gießt etwas Wein daran, und läßt sie
ganz weich kochen. Treibt sie durch einen Seiher in eine Schüssel, be-
streut sie mit gestoßenen Zucker und Gewürznägelein, rühret geriebenes
Rockenbrod in Butter geröstet daran, befeuchtet es so viel nöthig ist mit
rothen Wein, und läßt es zu einen Mus kochen.

44. Mandelmus.

Zu einem halben Pfund gestoßene Mandeln nimmt man vier Loth geriebenes
Semmelmehl, vier Loth gestoßenen Candiszucker, befeuchtet es mit etwas
Rosenwasser, rühret es mit einem Mas kochenden Raum in einer Schüssel ab,
stellt es auf das Kohlfeuer, läßt es unter stetem Umrühren kochen, und be-
streut es mit Zucker und Zimmet.

45. Pflaumenmus.

Von den geschälten Pflaumen werden die Steine ausgelöst, läßt sie in ro-
then Wein weich kochen, treibt sie durch ein Sieb in eine Schüssel, be-
streut sie mit Zucker und gestoßenen Gewürznägelein, röstet etwas gerie-
benes Rockenbrod in Butter daran, rühret es untereinander, und läßt es
auf dem Kohlfeuer zu einem Mus kochen.

46. Quittenmus.

Die geschälten Quitten werden entzwey geschnitten, löset die Kerne aus
und schneidet sie ganz dünn, und läßt sie mit Wein und Wasser weich ko-

chen, treibt ſie durch in eine Schüſſel, ſtellt ſie auf das Kohlfeuer,
rühret etwas in Butter geröſtetes Semmelmehl daran, geſtoßene Cardamomen
und Zucker, befeuchtet es mit etwas Wein, und läßt es zu einem Mus kochen.

47. Gefüllte Zitronen mit einer Zitronenſoos.

Dazu wählt man ſchöne große Zitronen ohne Flecken, ſchneidet oben eine
Scheibe ab, löſet das Mark aus, ſchneidet das Weiße ſubtil aus, kocht die
Zitronen in Waſſer mit Zucker weich, und läßt ſie alsdenn abkühlen; bereitet eine Fülle von kleingehackten und geſtoßenen Hühnerfleiſch, löſet
aus dem Mark die Kerne und die weiße Haut, rühret es mit Zucker ab, beſtreut das geſtoßene Fleiſch mit Gewürz, nimmt in Butter geröſtetes und
geriebenes Eyerbrod, befeuchtet es mit Wein, rühret alles untereinander,
füllet es in die Zitronen, bedeckt ſie mit den abgeſchnittenen Deckel,
beſtreicht ſie mit abgeſchlagenen Eyern, beſtreut ſie mit geriebenen Semmelmehl mit geſtoßenen Zucker vermengt, ſtellt ſie in eine mit Butter beſtrichene Tortenpfanne, und ſtellt ſie eine halbe Stunde lang in den Ofen
bis ſie Coleur haben; ſtellt ſie in eine Schüſſel, gießet eine bereitete
Zitronenſoos darüber, und läßt ſie auf dem Kohlfeuer einen Sud aufthun.

48. Caſtanien in einer Soos.

Die Caſtanien werden gebraten oder etwas abgeſotten, ſchält die rauhe
Haut ab, legt ſie auf eine Schüſſel, betropft ſie mit Zitronenſaft, und
legt das ausgelöſte Mark dazu, beſtreut es mit geſtoßenen Zucker und Zimmet, gießet kochenden Wein darüber, ſtellt es zugedeckt auf Kohlen, und
läßt es einen Sud aufthun.

49. Datteln zu kochen.

Die Datteln werden aufgeſchniten, die Kerne herausgelöſt, das weiße Häutlein davon abgezogen, in eine Schüſſel gelegt, mit Zucker und Zimmet beſtreut, ſo viel benöthigt iſt, kochenden Wein darüber gegoſſen, und läßt
es zugedeckt auf Kohlen aufkochen. Sie werden auch gebacken. Man läßt ſie
einen Sud in Wein mit ganzen Zimmet und Zucker aufthun, legt ſie auf eine

Schale, beſtreut ſie mit geriebenen Semmelmehl mit etwas Weizenmehl vermengt, bäckt ſie aus Schmalz und beſtreut ſie mit Zucker und Zimmet.

50. Pferſiche gefüllt zu backen.

Wenn ſie geſchält und die Steine ausgelöſt worden, kocht man einige davon mit Weinbeeren in weißen Wein, ſeihet ſie ab, hackt es untereinander, beſtreut es mit Zucker und Zimmet, und füllt es in die Pferſiche; legt zwey
5 auf einander, beſtreicht ſie mit abgeſchlagenen Eyerweiß, beſtreut ſie mit klargeriebenen Eyerbrod, bäckt ſie aus Schmalz, und beſtreut ſie mit Zucker und Zimmet.

51. Tiroler Krapfen.

Ein Viertelpfund Butter wird mit zwey Eyerdottern und ſechs Loth Zucker abgerührt, beſtreut es mit einem Quint Anis, rührt zwey Löffel voll rothen Wein daran, legt feines Mehl auf ein Nudelbret, das Abgerührte dar-
5 auf, mengt ſo viel Mehl hinein, daß man den Teig ausrollen kann, ſchneidet mit einem Backrad dreyeckigte Stücke, beſtreicht ſie mit abgeſchlagenen Eyerweis, beſtreut ſie mit geſtoßenen Zucker, legt ſie auf ein beſtrichenes Blech, und läßt ſie halb abbacken, beſtreut ſie mit Weichſelmarmolade, dann mit abgeſchlagenen Eyerweis, und beſtreut ſie dick mit ge-
10 ſtoßenen Zucker.

52. Mauldaſchen mit Hefen.

Man rührt ſechzehn Loth Butter mit drey Eyern und zwey Dottern ab, nimmt vier Loth geſtoßenen Zucker, vier Löffel voll Hefen und eben ſo viel ſüßen Raum, etwas Salz nebſt ein Pfund Mehl, und bereitet einen Teig auf
5 ein Nudelbret, rollt ihn aus, ſchneidet viereckigte Stücke, bereitet eine Fülle von geriebenen Aepfeln mit geſtoßenen Mandeln, gehackten Roſinen, geſtoßnen Zimmet, in Butter geröſtes geriebnes Semmelmehl, läßt es mit etwas Wein aufkochen, und auskühlen, ſtreicht davon auf die geſchnittenen Stücke, legt die vier Spitzen zuſammen, legt es auf ein Blech und läßt es
10 auf einem geheizten Ofen aufgehen, beſtreicht es mit abgeſchlagenen Eyern, läßt es im Ofen backen, und beſtreut es mit Zucker und Zimmet.

53. Caſtanien=Törtlein.

Ein halb Pfund Caſtanien werden nicht allzuweich gebraten, ſchält ſie ab und reibt ſie auf dem Reibeiſen, ſtößt die Bröckelein mit ſüſſen Wein in einem Mörſel zu Brey, reibt drey Viertelpfund abgezogene Mandeln ab, rüh-
5 ret eine Stunde lang achtzehn Eyer zu Schaum, rühret die Mandeln mit ſechs Loth geſchnittenen Zitronat, Pommeranzen und von einer halben Zitrone die Schale, drey Viertelpfund geſtoßenen Zucker, ein halb Loth Zimmet und geſtoßne Nägelein dazu, dann werden zulezt die Caſtanien hineingerührt, beſtreicht die Schärtlein mit Butter und geriebenen Semmelmehl,
10 füllt die Maſſe hinein und läßt es langſam backen.

54. Kaiſerbrod.

Ein Viertelpfund geſtoßene Mandeln werden mit einem Ey abgerührt, dann ein Viertelpfund geſtoßener Zucker, vier Loth Zitronat und Pommeranzenſchale wird mit der Schale von einer halben Zitrone klein geſchnitten,
5 rühret noch zwey Eyerdottern mit etwas geſtoßenen Zimmet darunter, ſchlägt das Weiße von zwey Eyern zu Schnee, und rühret es darunter, ſchneidet länglichte Oblaten, ſtreicht es Fingersdick darauf, legt es auf ein Blech, und läßt es auskühlen.

H.

DRUCK

NÜRNBERG A. 1886

1. Grüne Erbsen-Suppe.

Ein paar Hände voll Kiecherbsen werden mit gehackter Petersilie in Butter
weich gedämpft; dann streut man etwas Mehl darauf, und haben jene ein we-
nig damit angezogen, so werden sie in Fleischbrühe 1/2 Stunde gekocht,
und über gebähte Weckschnitten angerichtet.

2. Erdäpfel-Suppe.

Es werden einige Erdäpfel geschält, gewaschen, und in guter Fleischbrühe
weich gekocht, darauf durchgetrieben und die Brühe läßt man mit einem
Stück Butter noch ein wenig sieden, dann werden ein paar Eier daran ge-
kleppert, und über würflicht geschnittenes, geröstetes Brot gerichtet.
Man kann auch, ehe man die Brühe durchtreibt, eine geschälte Selleriewur-
zel oder Selleriekraut mitkochen.

3. Eine kräftige Hühnersuppe.

Man nimmt ein rein und schön zusammengerichtetes Huhn (eine alte Henne
ist noch besser) und läßt es im Wasser so lange sieden, daß man es gut
transchieren kann. Dann wird das Brustfleisch abgeschnitten und zurückge-
legt. Der übrige Teil des Huhn's, der Magen, ein Kalbsherz und Brieß wer-
den in Stücken geschnitten, in einen Topf gethan, der einen reichlichen
Liter Wasser faßt; auch läßt man eine Blume Muscatenblüthe mitkochen, und
salzt es ein wenig. Der Deckel des Topfes muß gut darüber passen, und
wird noch überdies mit Papier verklebt. Nachdem das Huhn mehr oder weni-
ger alt ist, muß Alles 2-3 Stunden auf Kohlen kochen. Dann läßt man es
stehen, bis die Brühe hell abgegossen werden kann. Vom Brustfleisch kann
man einige Stücken ganz lassen, das Uebrige wird gehackt, mit Eiern, ge-
riebenem Brot und etwas Butter vermengt, kleine Klöße davon formirt, und
diese in anderer Fleischbrühe gesotten, damit die Hühnerbrühe nicht trübe
wird. Letztere wird über gebähtes Brot, über die Klöse und das Brust-
fleisch angerichtet.

4. Kräuter-Sauçe.

Es wird 1 Hand voll Körbel= und Petersilienkraut, Schnittlauch, auch, wenn man will, Basilikum und Thymian gewaschen, gehackt, in Butter gedämpft, mit Mehl eingestäubt, und dann mit Fleischbrühe, Zitronensaft, Wein oder Essig aufgekocht und mit Muscatenblüte gewürzt. Man kann die Kräuter auch alleine, nur mit einem Stück Butter aufkochen, und vor dem Anrichten 4 Eiergelb daran rühren.

5. Sardellen-Sauçe.

In 70 Gr. Butter werden 2 Löffel Mehl geröstet, dann 70 Gr. Sardellen gewaschen, ausgerätet gehackt und in jenem gedämpft, späterhin aber Fleischbrühe, Essig oder Wein, Zucker und Zitronen hinzugefügt.

6. Hammelschlegel mit Ragout.

Wenn vom Schlegel die Keule abgehauen worden ist, klopft man ihn, zieht die Haut und das Fett ab, wäscht ihn, und spickt ihn mit gewürztem Speck. Nach einer Stunde bestreut man ihn mit Mehl, und dämpft ihn in Butter. Sobald der Braten gelb ist, gießt man Fleischbrühe daran, fügt Lorbeerblätter, Nelken, eine ganze Zwiebel und etliche Pfefferkörner dazu, und kocht den Schlegel 2 Stunden, auch länger, wenn er stark ist. Dann seiht man die Brühe durch, giebt in Wein gesottene Trüffeln, noch mehr Wein, Morgeln, Champignons, Zitronensaft und Schalen, und gesottene, zerschnittene Kalbsbriese dazu, und kocht das Fleisch darinnen vollends fertig. Beim Anrichten kommt das Ragout um den Braten, die Brühe darüber, und Alles wird mit Zitronenbizelein bestreut. Man bedient sich auch Essig statt Wein; dann aber bleiben die Trüffeln weg.

7. Braunes Kalbfleisch mit Sardellen.

Man schneidet von einem Kalbsschlegel dünne Stücken, klopft und wäscht sie, bestreut sie mit Salz und Mehl, und dämpft sie in Butter auf beiden Seiten gelbbraun. Dann hackt man Sardellen, Zwiebeln und Kapern, dämpft sie ein wenig mit dem Fleisch, gießt später Fleischbrühe und Wein darüber, und läßt das Fleisch weich kochen. Auch Kräuterpulver, oder Nelken, à la mode Gewürz und Zitronen kommt an die Brühe. Auf 1 Kilo 120 Gr. Kalbfleisch rechnet man 70 Gr. Sardellen und 2 Löffel Kapern.

8. Gerolltes Rindfleisch mit und ohne Füll.

Ein Schalen= oder Riemenstück ist am tauglichsten dazu. Man schneidet aus demselben handbreite länglichte und dünne Streifen, klopft sie stark, und wäscht sie. Dann werden sie mit Salz, Kräuterpulver, hackten Zwiebeln
5 oder Chalotten und Sardellen bestreut, doch nur auf einer Seite, darauf legt man ein Stückchen dünn geschnittenen Speck, und rollt sie zusammen, doch so, daß die bestreute Seite inwendig hinein kommt. Man umbindet sie sodann mit Zwirn, und dämpft sie in Butter mit ein paar Lorbeerblättern. Wenn sie ringsum gelb sind, nimmt man sie aus der Kasserolle, röstet in
10 dem Fett einige Löffel Mehl dunkelgelb, gießt Essig und Fleischbrühe daran, und verbessert die Brühe mit Zitronen, Nelken und Kapern. Dann nimmt man den Faden vom Fleisch, und kocht es in der Brühe weich. Beim Auftragen streut man Zitronenbizelein, darauf. Will man das Fleisch gefüllt haben, so läßt man Sardellen und das Uebrige weg, und bestreicht die Strei-
15 fen mit folgender Masse: Man hackt 560 Gr. Rindfleisch, und einen halben Häring mit 140 Gr. Speck, und rührt es mit Kräuterpulver, 2 Hände voll Semmelmehl, 2 Eiern, Milch und Fleischbrühe, Pfeffer, Zitronenbitzelein und Salz an.

9. Schweinebraten.

Derselbe besteht aus einem Rückenstück, das gewaschen, gesalzen, und mit nicht all zu viel Wasser in die Bratpfanne gelegt wird. Ist es halb gebraten, so macht man Schnitte in die obere Seite, daß sich das Fett mehr
5 ausbratet; dann kommt der Braten auf den Rost, wird mit Kümmel und Semmelmehl bestreut und schön gebräunt. Man kann beim Braten auch 1 Lorbeerblatt, 1 Zwiebel und Zitronenschalen in die Brühe legen.

10. Spanferkel zu braten.

Wenn das Spanferkel abgebrüht und schön gewaschen ist, läßt man das Wasser recht davon ablaufen, dann reibt man es ein wenig mit Salz, Pfeffer und Ingwer aus, giebt in den Bauch eine hölzerne Kugel, die mit einem
5 Loch versehen ist, damit der Spieß durchgeht, oder statt dieser ein ganzes Weckbrot, oder auch geschälte Kartoffeln, und näht den Bauch und den Stich zu. Dann bindet man die Füßchen hinauf, rollt das Schwänzchen auf,

umbindet dieſes, ſo wie die Ohren mit Butterpapier, und ſteckt das Ferkel
an den Spieß, oder ſetzt es in einer hockenden Stellung auf einen Roſt,
10 der auf einem, 2 Finger hoch mit Sand beſtreuten Blech ſich befindet.
Hierauf läßt man das Schwein in einer gut geheitzten Bratröhre, oder am
Spieß beim Feuer verſchwitzen. Nachdem aber beſtreicht man es mit Pro-
vencer=Oel, oder mit zerſchlichenem Schmalz, dies wird oft wiederholt,
und das Ferkel immer wieder dazwiſchen mit einem reinen feinen Tüchlein
15 abgetrocknet, damit die Haut nicht Blaſen bekommt, und doch röſch und
ſaftig bleibt. In 2 Stunden iſt ein Spanferkel fertig. Von Blut, Lunge
und Leber macht man ein Preßſäcklein, indem man den Magen damit füllt;
man kann aber auch Lunge und Leber in Schmalz backen.

11. Gedämpfte Ente mit Ragout.

Man ſpickt eine geputzte, mit Salz, Pfeffer und Nelken gewürzte Ente,
dämpft ſie in Schmalz, und giebt, wenn die Ente gelb iſt, Wein, Fleiſch-
brühe, gebräunten Zucker, Zitronen, Kräuterpulver trocken und braun ge-
5 branntes Mehl daran. Bis die Ente weich iſt, hackt man die Leber derſel-
ben, und giebt ſie zu wenig aus, noch ein Stückchen von einer Kalbsleber
mit etwas Speck, Zitronenſchalen und Schallotten: vermengt dies alles mit
einer Handvoll geröſtetem Semmelmehl, mit 3 Eiern, Salz, Pfeffer, Nelken
und Zitronenſaft, beſtreicht Weckſchnitten mit dieſer Farce, überfährt
10 ſie mit einem, in Eiern eingetauchten Pinſel, und bäckt die Schnitten in
Schmalz. Wenn alles fertig iſt, kommt in die Mitte der Schale die Ente,
die Schnitten neben herum, und die Brühe darüber. Die Speiſe muß mit Zi-
tronenbizelein beſtreut werden.

12. Hühner als Poulards.

Nimm ſchöne Hühner oder auch Kapaunen, putze und untergreife ſie, und fül-
le ſie dann mit gehackten Sardellen und Morgeln, die vorher in Butter ge-
dämpft und mit feinem Gewürz, Salz und Zitronenbizelein vermengt wurden.
5 Auch in den Leib darf von der Fülle etwas kommen; dann werden ſie mit
heißem Schmalz ausgeträuft, und am Spieß halb gebraten. Darauf nimm ſie
mit dem Schmalz das ſich in der Unterſatzpfanne befindet, und lege ſie in
eine Kaſſerolle, gieb noch etwas Wein, gehackte Morgeln, Zitronen und fei-
nes Gewürz dazu, und laſſe ſie weich dämpfen.

13. Gedämpfter Kapaun.

Dieser Vogel wird trocken gerupft, ausgenommen, geklopft und gewaschen, dann legt man ihn mit einem Kalbsfuß, mit Salz, Zitronenschalen, ganzer Muscatenblüte, Zwiebel, Wein und Wasser in eine Kasserolle und kocht ihn halb gar. Darauf röstet man in einem andern Tiegel etwas Mehl in 105 Gr. Butter, dämpft den Kapaun darin, seiht obige Brühe daran, und fügt noch angebrühte Morgeln und feine Kräuter, die in ein reines Tüchlein gebunden werden, hinzu. Auch was der Sauçe an Salz und Säure fehlt, muß ersetzt, und beim Anrichten der Saft aus den Kräutern gedrückt werden.

14. Krammetsvögel mit Aepfeln.

Man rupft die Vögel sauber, zieht die Haut über den Kopf ab, nimmt vorsichtig mit einer großen Nadel die Eingeweide aus, wäscht und salzt jene ein wenig, und dämpft sie in Schmalz. Wenn sie braun sind, kommt Wein, Wasser, Rosinen, etwas braun gebranntes Mehl, Nelken, und ganz zuletzt geschälte und würflicht geschnittene Aepfel dazu. Sobald diese weich sind, richtet man alles zusammen an, und streuet Zitronenbizelein darauf.

15. Hase mit Morgeln.

Wenn der Hase gespickt ist, wird er in beliebige Stücke zerhauen, und nebst einigen Schnitten Schinken, etwas schwarzem gebähten Brot, und einer geschnittenen Zwiebel in Schmalz gedämpft. Nach einiger Zeit gießt man Fleischbrühe daran, und wenn der Hase ein wenig damit gekocht hat, seiht man die Brühe durch, schöpft das Fett ab, fügt roten Wein, Zitronen, Nelken, Pfeffer,. in Wein gekochte Trüffeln, gebrühte Morgeln, und wenn man Oliven hat, auch diese dazu, doch müssen sie vorher abgeschält werden. Beim Anrichten wird die Speise mit Zitronenbizelein bestreut.

16. Gedämpftes Hirschwildpret.

Von einem abgehäuteten und gewaschenen Hirschschlegel schneidet man runde Scheiben, bestreut sie mit Nelken, Salz und Pfeffer, und legt sie in einen Tiegel, in welchem Rosmarin, Lorbeerblätter, Zitronenscheiben, Wein, Essig

und Waſſer kommt; der Deckel des Tiegels wird mit einem Teig aus Mehl und
Waſſer verklebt, und das Fleiſch muß darinnen in der Bratröhre einige
Stunden kochen. Dann öffnet man den Tiegel, giebt braun und trocken ge-
röſtetes Mehl und gebräunten Zucker an die Brühe, gießt Kräuter=Eſſig,
oder auch gewöhnlichen Eſſig, (nimmt man erſteren, ſo bleiben Rosmarin
und Lorbeerblätter weg) Wein und Waſſer nach, und kocht Alles noch ein
wenig. Beim Anrichten wird die Sauce über das Wildbret geſeiht, welches
mit Zitronenbizelein beſtreut wird.

17. Ragout von Rehwildpret.

Ein Tiegel oder eine Kaſſerolle wird mit Speck belegt, das Wildpret mit
Nelken, Salz und Pfeffer und etwas Wachholderbeeren beſtreut, und mit dem
Speck gedämpft. Wenn es braun iſt kommt Eſſig, Fleiſchbrühe, trocken und
braun gebranntes Zuckermehl, oder geriebenes ſchwarzes Brot und gebräun-
ter Zucker, eine Zwiebel und ein Lorbeerblatt dazu, und mit dieſem Allen
wird das Wildpret gar gekocht. Man kann auch den Zucker weglaſſen, und
dafür Kirſchenmus nehmen.

18. Haſen-Paſtete.

Ein gebeizter und geſpickter Haſe wird in Stücke zerſchnitten, in Butter
gedämpft, und mit Wein, etwas von der Beize, Fleiſchbrühe, Nelken, trocken
und braun gebranntes Mehl, Kirſchenmuß, oder gebräunten Farin weich ge-
kocht. Die vordern Läufe, nebſt den Bauchſtücken und der Lunge ſiedet man
in Eſſig und Waſſer, und hackt es dann mit der Leber, die nicht geſotten
werden darf, ferner mit 140 Gr. Speck, 2 Löffel voll Kapern, 70 Gr. Sar-
dellen und Zitronenſchalen. Unter dieſes kommt eine in Milch geweichte,
und nebſt gehackten Chalotten in Butter gedämpfte Semmel, Nelken, Salz,
Pfeffer, Zitronenſaft und einige Löffel Wein oder Eſſig von der Beize. Vom
Blätterteig wird nun ein Boden ausgewöllt, und derſelbe mit Füll beſtri-
chen; darauf legt man den gedämpften Haſen, dann wieder Farçe und endlich
ein Stück Speck. Alles wird nun mit Teig bedeckt, die Paſtete mit einem
Ei beſtrichen und eine Stunde im Ofen gebacken. Wenn ſie fertig iſt, macht
man in den Deckel eine kleine Oeffnung, nimmt den Speck heraus, gießt die
warm erhaltene Brühe hinein, und legt das herausgeſchnittene Stück Teig

wieder darauf. Man kann auch den Speck ganz weglaſſen, und die Brühe zur
Paſtete ſerviren.

19. Paſtete von Kalbfleiſch.

Von einem Kalbsſchlegel ſchneidet man handbreite und eben ſo lange Stücke;
klopft ſie recht dünne, wäſcht ſie, beſtreut ſie mit Salz, Pfeffer, Mus-
katenblüte und gießt Zitronenſaft und Eſſig darüber. So läßt man ſie eine
5 Stunde ſtehen, und verfertigt unterdeſſen folgenden Hachis: das übrige
Fleiſch vom Schlegel kocht man mit etwas Nierenfett, hackt es mit Peter-
ſilie, Zitronen, Zwiebeln oder Chalotten und Sardellen, rührt dann eine
in Milch eingeweichte Semmel mit einigen Eiern glatt ab, vermengt ſie mit
dem Gehackten, mit Salz und Kräuterpulver. Nun wöllt man von Butter= oder
10 Blätterteig einen Platz, legt ihn auf das Blech, und belegt ihn abwech-
ſelnd mit Füll und Fleiſch. Iſt alles beiſammen, ſo kommt ein Deckel von
Teig darauf, dieſer wird, ſo wie die ganze Paſtete mit Eierdottern be-
ſtrichen, mit ausgeſtochenen Blumen von Teig verziert, und jene dann ge-
backen. Es wird eine Zitrone oder Sardellenſauçe dazu gegeben.

20. Kalbshirn mit Kapern.

Das Hirn wird abgehäutet, gewaſchen und geſotten. Dann hackt man eine
Zwiebel oder einige Chalotten, etwas Peterſilienkraut, Thymian, Baſili,
Zitrone und einen Löffel voll Kapern, auch kann man, wenn man will, ein
5 paar Sardellen dazu nehmen. Alles wird darauf in hellem Buttermehl ge-
dämpft, und mit Fleiſchbrühe, Zitronenſaft, Eſſig oder Wein das Hirn dar-
in aufgekocht.

21. Kalbsleber auf engliſche Art zuzubereiten.

Von einer abgehäuteten Kalbsleber ſchneidet man dünne Stücke, beſtreicht
eine blecherne Schüſſel mit Butter, belegt ſie mit Leber, dann mit ausge-
waſchenen und ausgegräteten Häringen oder Sardellen; auf dieſe kommt wie-
5 der Leber, dann wieder Sardellen, und ſo fort, bis alles zu Ende iſt.
Hierauf deckt man die Schüſſel zu, und läßt die Leber auf Kohlen ſo lange
dämpfen, bis man kein Blut mehr ſieht.

22. Ragout von Kalbsherz und Lunge.

Man schneidet Herz und Lunge in dünne Stücke, läßt im warmen Wasser das Blut herausziehen, und siedet beides mit Lorbeerblättern, Rosmarin, Zitronen und Muscatenblüte in Fleischbrühe, rührt dann ein hellgelbes But-
5 termehl mit etwas Wein daran, und läßt das Ganze noch ein wenig kochen. Beim Auftragen wird die Speise mit Zitronenbizelein bestreut.

23. Ragout von Kalbszungen.

Um die Zunge zu einem Ragout zu verwenden, legt man dieselbe 1/4 Stunde in siedendes Wasser, ohne sie jedoch kochen zu lassen. Dann häutet man sie ab, schneidet sie in länglichte Stücke, bestreut sie mit Salz, Mus-
5 catenblüte, Nelken und Mehl, dämpft sie in 105 Gr. Butter, giebt Fleischbrühe, Wein, Zitronen, ein Lorbeerblatt, eine Hand voll angebrühter Morgeln und Kräuterpulver dazu, und kocht die Zunge weich. Beim Anrichten kommt das Lorbeerblatt heraus.

24. Gefüllte Kalbsmägen.

Die Mägen müssen recht gereinigt werden. Dann macht man eine Füll von Semmelmehl, Eiern, etwas Butter, Rosinen und Weinbeeren und Zitronen. Diese kommt nun in die Mägen, die darauf zugebunden, und in Fleischbrühe
5 weich gesotten werden. Nachher bräunt man sie in Schmalz in einer Kasserolle ab. Die Füll kann auch in gehacktem und vorher halb abgekochtem Schweinefleisch, gehacktem, und in Butter gedämpftem Weiskraut, gebratenen und klein geschnittenen Kastanien, Muscatenblüte und Majoran bestehen.

25. Gefüllter Aal.

Ein großer Aal wird abgezogen und ausgenommen, dann macht man kleine Schnitte, die aber nicht durchaus gehen, reibt ihn mit Salz, Pfeffer und gehacktem Salbei ein, und läßt ihn so lange liegen, bis man folgende Mas-
5 se zubereitet hat: - Ein Stück abgesottenes Kalbfleisch wird mit 2 Löffel Kapern, etwas Rindsmark und Zitronenschalen gehackt; dann nimmt man 3 Eier, die in Milch eingeweichte Brosame einer Semmel, Salz, Muskatnblüte,

ein klein wenig pulverisirten Majoran, Salbei und Lorbeerblätter, so wie
Zitronensaft und Pfeffer dazu. Mit diesem Teig wird der Aal gefüllt, dann
näht man ihn zu und bestreicht ihn mit Butter; hierauf wird er mit Semmelmehl bestreut, mit einem Hölzlein zusammengeheftet, und in einer, mit
Butter bestrichenen Bratpfanne auf Hölzlein gelegt, und gebraten. Man bestreut ihn mit gehackten Zitronenschalen und Kapern, und legt zerschnittene Zitronen herum.

26. Gedämpfter Hecht mit Austern.

Zu dieser Speise muß der Hecht oben an der Kinnlade ausgenommen werden,
damit der Bauch ganz bleibt. Dann schneidet man ihn in fingerdicke Scheiben, und salzt diese ein wenig. Nach einer Weile trocknet man die Stücke
mit einem reinen Tuche ab, legt sie, nebst gewaschener und geschnittener
Häringsmilch, oder in Ermanglungsfall derselben, mit klein gehackten Häringen in eine, mit Butter dick bestrichene Kasserolle; auf den Hecht
kommen geputzte Austern, und auf diese Butterschnizlein, Lorbeerblätter,
Zitronenscheiben und Zwiebeln. Das Ganze bestreut man mit Semmelmehl und
Muskatenblüte, gießt Wein darüber, und setzt die Kasserolle auf Kohlen.
In einer kleinen Stunde ist das Gericht fertig. Es darf nur wenig Brühe
haben. Beim Anrichten legt man Alles zierlich auf eine Schüssel, läßt
aber die Lorbeerblätter weg. Zu einem Hecht auf 1 Kilo 120 Gr. rechnet
man 4 Häringsmilch, 140 Gr. Butter, 15 Austern, eine Hand voll Semmelmehl und 1/4 Liter Wein. Statt Austern kann man auch Schnecken nehmen.

27. Kabliau.

Diesen legt man 24 Stunden in kaltes Wasser, setzt ihn mit frischem Wasser zum Feuer und läßt ihn so eine Stunde stehen; doch darf das Wasser
nur recht heiß werden und ganz zuletzt etwas kochen. Dann deckt man den
Topf zu und nimmt ihn vom Feuer. Nach einer Stunde läßt man das Wasser
ablaufen, und legt den in Stücke zerschnittenen Fisch auf eine mit Butter
bestrichene Schüssel, bestreut ihn mit Kapern und giebt eine gute Buttersauçe mit Petersilienkraut, an welche zuletzt 3 Eier verkleppert wurden,
darüber.

28. Blau gesottener Karpfe.

Schuppe den abgeschlagenen Karpfen, mache ihn auf, nimm das Eingeweide heraus, schneide, wasche und salze den Fisch; dann lege ihn auf eine Schüssel, begieße ihn mit Essig und lasse ihn zugedeckt stehen. Darauf setze ihn mit kaltem Wasser und Essig, Salz, Pfefferkörner, einer Zwiebel und Kräutern zum Feuer. Wenn er fertig ist, wird weißes Brot in Würfel geschnitten, in Schmalz geröstet und der Fisch damit bestreut. Oel und Essig wird bei Tisch dazu gegeben. Beim Sieden des Fisches muß man die Kopfstücke immer zunächst dem Feuer legen, weil diese schwerer durchkochen, als die andern Teile des Fisches.

29. Karpfe mit Häringen.

Es wird der Karpfe geputzt, in Stücke zerschnitten, und wie zum Blausieden mit Essig übergossen. Nachher kommt er mit einem gehackten oder klein geschnittenen Häring, 105 Gr. Butter, Zitronenmark, Bizelein und feinem Gewürz in eine Kasserolle und wird gedämpft. Nach 1/4 Stunde gießt man Wein und ungesalzene Fleischbrühe darüber, und kocht den Fisch gar.

30. Gebratener Lachs.

Man schneidet den Lachs in Stücke, und läßt ihn 2 Stunden eingesalzen liegen, bestreut ihn dann mit Pfeffer, umbindet die Stücke mit Salbei, Zitronenschalen, Rosmarin und Lorbeerblätter, und bratet sie auf dem Rost, oder mit Butter in einer Kasserolle. Auf letztere Art wird der Fisch noch saftiger. Man servirt Oel und Essig oder zerschnittene Zitronen dazu.

31. Laperdan. (Stockfisch.)

Er wird 24 Stunden in kaltes Wasser gelegt, dann setzt man ihn mit frischem Wasser zum Feuer, und läßt ihn so eine Stunde stehen; doch darf, wie beim Kabliau, das Wasser nur recht heiß werden, und erst ganz zuletzt zum Sieden kommen. Darauf deckt man den Topf zu, und stellt ihn vom Feuer; nach einer Stunde läßt man das Wasser ablaufen, und legt den Fisch auf eine mit Butter bestrichene Schüssel. Ueber den Laperdan kommt ein dünner

Teig, der aus, in Butter gedämpften Champignons, und Zwiebeln, einigen
Eiern, und Rahm besteht. Auf den Teig streut man Semmelmehl, und Butter-
schnittchen, und bäckt die Speise in der Bratröhre.

32. Gebratener Salm.

Es werden kleine Stücke davon geschnitten, und dieselben gesalzen. Nach
einer Stunde umbindet man sie mit Rosmarin, Salbei, Lorbeerblätter und
Zitronen, und bratet sie auf dem Rost oder in einer Kasserolle, in wel-
chem sich etwas Butter befindet. Beim Auftragen kommen die Kräuter weg,
und Oel und Essig, oder zerschnittene Zitronen werden dazu gegeben.

33. Schellfisch.

Von diesem Fisch nimmt man zum Braten das Mittel= und Schwanzstück. Bei-
des kehrt man in Semmelmehl= oder Weizenmehl, das mit Salz vermischt wird,
um. Dann bratet man den Fisch mit Butter auf dem Rost. Auch in einer ei-
sernen Pfanne kann man ihn braten, dann aber muß die Butter recht im Ko-
chen sein, wenn man den Fisch hinein thut. Man giebt Salat, oder eine
Sardellensauce dazu.

34. Gebackener Blumenkohl.

Er wird geputzt und in großen Blumen nicht allzu weich gebrüht, dann auf
eine Platte gelegt, mit Salz und Muscatenblüte gewürzt, in verklepperte
Eier eingetaucht, mit geriebenem Brot bestreut und aus Schmalz schön gelb
gebacken. Dann siedet man ihn in einer Krebssauce auf, doch nicht zu lan-
ge, damit er nicht verweicht, und beim Anrichten wird die Speise mit Krebs-
schwänzen und gebackenen Briesen umlegt.

35. Erdäpfelgemüs.

Die gesottenen Erdäpfel werden, wo möglich, warm geschält und in Plätze
geschnitten, dann wird Fleischbrühe darüber gegossen, und das Gemüs mit
lichtgelbem Buttermehl eingebrannt; auch kommt Petersilienkraut, Musca-

tenblüte und Kardamom oder Majoran dazu, und so müssen sie noch eine Weile kochen. Man kann sie auch frisch schälen, schneiden, dann waschen, in Fleischbrühe weich sieden und nachher einbrennen.

36. Kohlrabi.

Die zarten Blätter davon werden in kleineren Stücken von den Stielen abgerupft, gewaschen, weich gebrüht und nachher in laues Wasser gelegt. Es ist besser wenn man alle diese Arten Gemüse nach dem Brühen in laues statt in kaltes Wasser legt, weil sie dann beim Dämpfen leichter weich und mild werden. Darauf dämpft man sie in Schmalz, bestreut sie mit Mehl, und läßt sie dann in Fleischbrühe kochen. Die Plätze werden in Fleischbrühe weich gesotten, und kommen dann auch dazu, so wie, wenn man will, gehackter Schnittlauch.

37. Karthäuser Klöse.

Schneide 3 Semmeln, jede in 4 Teile, und die äußere Rinde von derselben fein herunter; verkleppere 3 Eier, tauche das Brot darinnen ein, bestreue es mit Semmelmehl, backe es in Schmalz, und koche es sodann in einer Weichselsauçe auf.

38. Abgerührte Spatzen.

Um 12 Pfg. Brot wird dünn geschnitten, und 1/4 Liter gute Milch darüber gegossen. Dann rührt man 140 Gr. Schmalz ab, 4 Eier, das geweichte Brot und 1/2 Liter Mehl daran, salzt den Teig, und legt davon Spätzlein in siedendes Wasser. Beim Anrichten kommt geröstetes Semmelmehl darauf. Sie dürfen eine gute Viertelstunde kochen.

39. Auflauf von Mehl.

Zu 1/2 Liter Mehl rechnet man 6 Eier, 70 Gr. zerlassenes Schmalz und 1/2 Liter dünne Milch, auch kann man die Schale von einer, an Zucker abgeriebenen Zitrone hinzufügen. Alles wird nun wohl verrührt, und kommt in einen Schart, in welchem Schmalz heiß gemacht wurde, und muß in der Bratröhre ſchnell aufziehen. Der Teig darf nicht dick ſein, ſonſt wird der Auflauf ſchwer. Läßt man den Zucker weg, ſo wird die Speiſe geſalzen.

40. Chokolade-Koch.

Von 1/2 Liter Mehl und eben ſo viel Rahm wird mit einem Stück Butter ein dicker Brei gekocht. Dann verrührt man 10 Eierdottern, 140 Gr. Zucker, 140 Gr. Chokolade, Zimmt und den Schaum von den 10 Eierweiß an den kalt gewordenen Brei, und bäckt die Maſſe in einem mit Butter beſtrichenen Schart, bei mäßiger Hitze. Wenn man will, kann man auch 140 Gr. geſtoßene Mandeln dazu nehmen.

41. Schwarzer Weichſel-Koch.

Man rührt 140 Gr. Butter leicht, mengt 8 Eierdottern, 140 Gr. mit der Schale geriebene Mandeln, geriebenes ſchwarzes Brot, Zucker und Zimmt, ſo wie 200 abgezupfte Weichſel, und den Schaum von 8 Eierweiß dazu und bäckt die Maſſe in einem, mit Butter beſtrichenem, und mit ſchwarzen Brot beſtreuten Schart. Man kann auch ſchwarze Kirſchen ſtatt Weichſel nehmen.

42. Reis-Pudding.

Es werden 280 Gr. Reis ſauber gewaſchen, angebrüht, und dann in guter Milch ſo dick als möglich gekocht. Dann rührt man 105 Gr. Butter leicht ab, um 6 Pfg. in Milch eingeweichtes Weißbrot daran; ferner 6 Eier, Zucker, Zimmt, und 140 Gr. geſtoßene Mandeln, nimmt den Brei dazu, und füllt die Maſſe in eine mit Butter beſtrichene und mit gehackten Mandeln beſtreute Serviette, die man nicht zu locker zubindet, da ſonſt auch dieſer Pudding gerne zerfällt. Man läßt ihn dann in ungeſalzenem Waſſer 1 1/2 Stunde ſieden, und gießt vor dem Auftragen eine Mandelſauçe darüber.

43. Kirſchen- und Weichſel-Mus.

Die ſchwarzen Kirſchen oder Weichſeln werden abzupft und ganz weich ge-

kocht, dann treibt man ſie durch einen großlöcherigen Seiher, damit nur
die Kerne zurück bleiben; kocht die durchgetriebenen Früchte noch eine
Weile, gibt etwas Nelken und Zimmt dazu, und richtet ſie über geröſtete
Brotſchnitten an. Auch Brünellen, Roſinen und dürre Hüfen laſſen ſich auf
ſolche Weiſe zu Mus kochen, doch werden dieſe gleich in etwas Wein und
Waſſer, mit Zucker und Gewürz weich und dick gekocht, und dürfen nicht
durchgetrieben werden, da ſie keine Kerne haben. Die Weichſeln und Hüfen
bedürfen viel Zucker, wenn ſie allein gekocht werden, daher iſt es beſ-
ſer, man vermengt ſie mit ſüßern Früchten der Art.

44. Gefüllte Aepfel als Compote.

Es werden 25 Borsdorferäpfel geſchält, ausgehöhlt und gefüllt, entweder
mit gehackten Mandeln, Weinbeeren, Zimmt und Zucker, (alles unter einan-
der gemengt) oder mit einer Sulze von Hüfen, Himbeeren u. dgl. Iſt die-
ſes geſchehen, ſo dämpft man die Aepfel in Wein, Waſſer, Zimmt, Zucker
und Zitronen; läßt ſie, wenn ſie fertig ſind, erkalten, und beſteckt ſie
dann mit länglicht geſchnittenen Mandeln. An die kurze Sauçe, die man
darüber gießt, kann man ein wenig Himbeerſaft rühren.

45. Compote von Aprikoſen.

Hiezu läutert man 140 Gr. Zucker mit 1/2 Liter Waſſer, legt 12 geteilte
Aprikoſen auf die Rückſeite hinein, und kocht ſie weich, ſie ſind bald
fertig. Indeſſen ſchält und ſtößt man die Aprikoſenkerne, kocht ſie dann
einige Augenblicke in dem Zucker, aus dem die Früchte genommen wurden,
und gießt Zucker und Kerne über die Aprikoſen. Auf gleiche Art wird die
Compote von Pfirſichen gemacht.

46. Compote als Salat von Birnen.

Sind die Birnen klein, ſo läßt man ſie ganz, größere ſchneidet man ent-
zwei. Bei Beiden muß die Schale und die Butzen davon genommen werden, und
die Birnen kocht man mit Wein, Waſſer, Zitronen, ganzen Zimmt und Nelken
weich; dann ſchlichtet man ſie auf die Saladière und ſeihet die Brühe dar-
über.

47. Himbeer-Crême.

Es werden 2 Liter Himbeeren verlesen und mit 1/2 Liter guten Rahm durch ein Sieb getrieben; dann rührt man das Abgeriebene von einer Zitrone und, wenn es nötig ist, etwas Zucker an die Himbeeren, richtet die Masse auf eine Schale und stellt sie in den Keller. Ehe man sie aufträgt, garnirt man den Rand der Schale mit schönen Himbeeren.

48. Pistazien-Crême.

Hiezu müssen 105 Gr. Pistazien geschält und fein gestoßen, nachher mit 140 Gr. Zucker, 12 Eierdottern und 1 Liter siedendem Rahm angerührt werden. Auch diese Crême kocht man, bis sie dick wird, unter beständigem Umrühren auf Kohlen, dann seiht man sie mit einem Löffel kalten Rahm auf eine Schale, läßt sie im Keller fest werden, und bestreut sie mit gehackten Pistazien.

49. Vanille-Crême.

Man schneidet hiezu 70 Gr. Vanille in kleine Stücke, läßt sie mit etwas Rahm aufkochen, rührt hierauf 2 ganze Eier und 4 Dottern, 140 Gr. Zucker und 1 Liter Rahm dazu, klopft es wohl unter einander, gießt es durch ein Haarsieb in eine Schale, setzt diese in ein Gefäß mit kochendem Wasser, deckt jenes zu, legt glühende Kohlen darauf, und läßt die Crême 1/4 Stunde kochen.

50. Gesulzte Erdbeeren.

Recht reife Walderdbeeren wäscht man, läßt zu 2 Liter Beeren 26 Gr. Hausenblasen im warmen Wasser zerschleichen, siedet dann 1/4 Liter Wein mit 280 Gr. Zucker und etwas Zimmt, rührt das Wasser worin die Hausenblase war, nebst den Saft und die Schale von 1 Zitrone daran, seiht Alles über die Erdbeeren, und läßt es im Keller fest werden.

51. Johannisbeeren.

Schöne Johannisbeeren werden abgezupft und dann gewogen; so schwer als die Beeren sind läutert man Zucker, kocht jene darinnen auf, schäumt sie ab, und läßt sie so lange über dem Feuer, bis sie sinken. Dann läßt man sie kalt werden, füllt ein Zuckerglas damit und bindet dieses wohl zu.

52. Aepfelkrapfen.

Es wird von 1 1/2 Liter Mehl, Milch, Hefen, Salz, 105 Gr. Butter oder Schmalz und 4 Eiern ein Teig verfertigt. Diesen teilt man in 2 Teile; bestreicht einen Schart oder eine Bratpfanne dick mit Schmalz, legt die Hälfte des Teigs hinein, belegt denselben mit Aepfelmuß, bedeckt diesen mit dem andern Teig, läßt den Krapfen gehen und bäckt ihn dann. Zum Aepfelmuß schält und schneidet man gute Aepfel, und kocht sie mit Zitronen, Rosinen, Weinbeeren, etwas Zimmt und - wenn es nötig ist - mit Zucker so weich, daß sie sich zerrühren lassen. Zu bemerken ist, daß das Mus nicht warm, doch auch nicht zu kalt sein darf, wenn es auf den Teig kommt.

53. Gugelhopfen.

Mit 3 Eiern und 3 Dottern wird 175 Gr. Schmalz wohl abgerührt und ein wenig gesalzen; vorher aber von 1/2 Liter Mehl 2 Löffel Hefen und Milch ein Dampf gesetzt. Ist dieser gegangen, so kommt er nebst noch 1/2 Liter Mehl einer an Zucker abgeriebenen Zitrone, und etwas Rahm an das Schmalz und die Eier. Nachdem Alles recht abgeschlagen worden ist, so daß sich der Teig von dem Löffel löst (was bei allem Hefenbackwerk der Fall sein muß) füllt man die Masse in einem mit Butter bestrichenen Schart, läßt den Gugelhopfen gehen und bäckt ihn. Beim Herausheben aus der Röhre darf man ihn nicht schütteln, sonst setzt er sich. Auch muß Alles was im Schart gebacken wird, vorsichtig aus demselben genommen werden, damit nicht jener Nachteil daraus entspringt.

54. Weichsel-Kuchen.

Von 840 Gr. Mehl, 140 Gr. Butter, 2 Eiern 2 Löffel Hefen, Milch und Salz

wird ein mürber Teig verfertigt, aus diesem ein Kuchen, und ein Rand von
Teig herum gelegt; ist er gegangen, so wird er mit eingezuckerten Weich-
seln bedeckt und gebacken. Auch von Kirschen kann ein Kuchen auf diese
Art bereitet werden und bei diesen bedarf es weniger Zucker als bei den
Weichseln.

55. Eine andere Art Zwetschgenkuchen.

Zu diesem wird aus einem, von 1/2 Liter Mehl, 1 Ei, 70 Gr. Schmalz, Salz,
1 Löffel dicke Hefe und Rahm bereiteten ziemlich lockern Teig ein dünner
Kuchen ausgewöllt. Sobald er gegangen ist, belegt man ihn mit halben
Zwetschgen. Diese bestreut man mit Semmelmehl und Zucker und belegt sie
hie und da mit dünnen Stücklein Butter. Den Rand des Kuchens bestreicht
man mit Eierdottern, und bäckt letzteren auf einem, mit Mehl bestreuten
Blech.

56. Linzer-Torte.

Ein Blech mit einem Reif muß mit Butter bestrichen, und mit dünnem But-
terteig ausgelegt werden. Auf demselben bereitet man einige Löffel Man-
delteig, und auf diesem in Zucker eingemachte Früchte aus. So wird abge-
wechselt, bis der Schart voll ist. Oben muß aber Mandelteig sein; dieser
wird mit einem Messer geritzt, als wenn man ein Gitter machen wollte, und
die Torte im Ofen gebacken. Die Mandelmasse besteht aus 70 Gr. Butter,
70 Gr. Zucker, 140 Gr. gestoßenen Mandeln, 9 Gr. Zimmt und 3-4 Eiern.

57. Augsburger Wind.

Siede 1/4 Liter Rahm mit 70 Gr. Zucker und 105 Gr. Butter, trockne 140 Gr.
Mehl darinnen ab, lasse es so lange über dem Feuer, bis sich der Teig vom
Löffel schält, rühre hierauf in einer durchwärmten Schüssel 5 Eier, die
im warmen Wasser gelegen sind daran, schlage den Teig recht glatt ab, set-
ze kleine Plätzlein auf ein mit Mehl bestreutes Blech, und backe sie in
schneller Hitze.

VERZEICHNISSE

I. QUELLEN

A. Handschrift, ostfränkisch 14. Jahrhundert

Handschrift der Universitätsbibliothek München, Pergament, 2° Cod. ms. 731
(= Cim. 4), Bl. 156^r-165^v; geschrieben in Würzburg um a. 1350. - Beschreibung und Literatur: Kornrumpf, Gisela - Paul Gerhard Völker: Die deutschen mittelalterlichen Handschriften der Universitätsbibliothek München. Die Handschriften der Universitätsbibliothek München Bd. 1, Wiesbaden 1968, S. 66-107. - Edition und Literatur: *Daz bůch von gůter spise*. Aus der Würzburg-Münchener Handschrift neu herausgegeben von Hans Hajek, Texte des späten Mittelalters 8, Berlin 1958 (ganz unzureichend). - Faksimile und Literatur: *Daz buoch von guoter spîse*. Abbildungen zur Überlieferung des ältesten deutschen Kochbuches eingeleitet und herausgegeben von Gerold Hayer, Litterae 45, Göppingen 1976.

Es entsprechen sich: A.Nr.:Hs.Nr. = 1:16, 2:32, 3:33, 4:34, 5:35, 6:48, 7:49, 8:8, 9:27, 10:96, 11:7, 12:11, 13:23, 14:26, 15:28, 16:30, 17:42, 18:2, 19:5, 20:51, 21:87, 22:91, 23:92, 24:94, 25:6, 26:21, 27:22, 28:29, 29:13, 30:15, 31:17, 32:18, 33:19, 34:20, 35:27, 36:36, 37:37, 38:46, 39:55, 40:56, 41:58, 42:31, 43:45, 44:64, 45:65, 46:66, 47:67, 48:1, 49:3, 50:9, 51:12, 52:10, 53:68, 54:72, 55:83, 56:63, 57:70, 58:71, 59:73, 60:85, 61:74, 62:75, 63:76, 64:77, 65:80, 66:82, 67:44, 68:52, 69:59, 70:60, 71:61, 72:74.

B. Druck, Nürnberg um a. 1490

Druck: *Kuchemaistrey* [Nürnberg, bei Peter Wagner, um a. 1490]. - Faksimile: *Küchenmeiſterei*. In Nürnberg von Peter Wagner um 1490 gedruckt. Faksimile nach dem Exemplar der Herzog-August-Bibliothek in Wolfenbüttel. Eingeleitet von Hans Wegener. Mit einem Glossar und einer Bibliographie, Veröffentlichungen der Gesellschaft für Typenkunde des XV. Jahrhunderts - Wiegendruckgesellschaft -. Reihe B. III, Leipzig 1939.

Es entsprechen sich: B.Nr.:Dr.Teil und Nr. = 1:I29, 2:IV1, 3:IV4, 4:IV5, 5:IV9, 6:IV17, 7:IV18, 8:II5, 9:II7, 10:II8, 11:II19, 12:II9, 13:II1, 14:II2, 15:II3, 16:II4, 17:II24, 18:II20, 19:II21, 20:II23, 21:II25, 22:III19, 23:

III25, 24:II12, 25:II14, 26:II16, 27:I4, 28:I5, 29:I7, 30:I8, 31:I9, 32:I12, 33:I15, 34:I25, 35:I35, 36:II22, 37:I58, 38:III3, 39:III7, 40:III12, 41: III43, 42:I21, 43:I30, 44:I31, 45:I33, 46:I34, 47:I46, 48:I49, 49:I50, 50: I54, 51:I55, 52:I56, 53:I57, 54:III10, 55:III6, 56:III29, 57:III31, 58:III34, 59:III36. - In einigen Fällen wurde auf das Exemplar der Staatsbibliothek Preuß. Kulturbesitz [Nürnberg, bei Peter Wagner, um a. 1486] zurückgegriffen.

C. Druck, Augsburg a. 1544

Druck: *Ein künſtlichs vnd nutzlichs Kochbůch / vormahlens nie ſo leycht / Mannen vnd Frawen perſonen / von jnen ſelbſt zůlernen / in Truck verfaßt / vnd außgangen iſt / Artlich inn acht Bůcher gethaylt / Sampt etlichen faſt nutzen bewärten Hawßnoturfften oder künſten. Auch wie man Eſſig macht vn̄ Wein gůt behelt. Balthaſſar Staindl von Dillingen. Getruckt zů Augſpurg durch Hainrich Stayner: Anno M.D.XLIIII.*

Es entsprechen sich: C.Nr.:Dr.Nr. = 1:104, 2:233, 3:256, 4:257, 5:156, 6:158, 7:159, 8:163, 9:166, 10:170, 11:171, 12:172, 13:177, 14:141, 15:160, 16:150, 17:140, 18:148, 19:152, 20:161, 21:155, 22:168, 23:162, 24:164, 25:106, 26: 108, 27:88, 28:87, 29:114, 30:116, 31:122, 32:123, 33:128, 34:86, 35:52, 36: 58, 37:62, 38:3, 39:6, 40:16, 41:17, 42:43, 43:27, 44:33, 45:42, 46:45, 47: 47, 48:49, 49:13, 50:202, 51:31, 52:199, 53:212.

D. Handschrift, Augsburg a. 1553

Handschrift der Augsburger Staats- und Stadtbibliothek, Papier, 4° Cod. 137, 75 Blätter, geschrieben (ab) a. 1553, offenbar Autograph. - Edition und Beschreibung der Handschrift: *Das Kochbuch der Sabina Welserin.* Herausgegeben von Hugo Stopp. Mit einer Übersetzung von Ulrike Gießmann, Germanische Bibliothek. N.F. 4. Reihe, Heidelberg 1980.

Die Textwiedergabe der Ausschnitte folgt hier bezüglich der Schreibungen derjenigen der Edition. Die in dieser hinzugefügten Kommata und Punkte sind jedoch weggelassen.

Es entsprechen sich: D.Nr.:Ed.Nr. = 1:9, 2:11, 3:17, 4:148, 5:179, 6:192, 7: 194, 8:204, 9:32, 10:58, 11:59, 12:152, 13:153, 14:1, 15:10, 16:13, 17:14, 18:155, 19:4, 20:7a, 21:19, 22:29, 23:60, 24:77, 25:91, 26:98, 27:193, 28:21, 29:26, 30:27, 31:37, 32:45, 33:33[11], 34:48[14], 35:62, 36:64, 37:118, 38: 170[43], 39:191, 40:171, 41:197, 42:198, 43:42, 44:40, 45:41[13], 46:106, 47:127, 48:139, 49:38, 50:39, 51:43, 52:44, 53:49, 54:46, 55:50, 56:111, 57: 112, 58:113, 59:150, 60:156, 61:165, 62:166, 63:183, 64:70, 65:89, 66:96, 67: 115, 68: 116, 69:131, 70:151, 71:164, 72:200.

I. Quellen

E. Druck, Amberg a. 1598

Druck: *Ein Köſtlich new Kochbuch Von allerhand Speiſen / an Gemüſen / Obs / Fleiſch / Geflügel / Wildpret / Fiſchen vnd Gebachens. Nit allein vor Geſunde: ſondern auch vnd fürnemlich vor Krancke* [...]. *Dergleichen vormals nie in Truck außgangen. Mit fleiß beſchrieben durch F. Anna Weckerin / Weyland Herrn D. Johann Jacob Weckers / des berümbten Medici, ſeligen / nachgelaſſene Wittib. Amberg. Bey Michaëln Forſtern. MDXCVIII.* Faksimile: München 1977.

Es entsprechen sich: E.Nr.:Dr.S. = 1:67, 2:97, 3:94, 4:64, 5:94, 6:197/198, 7:205, 8:216, 9:215, 10:219, 11:220, 12:188/189, 13:206/207, 14:171/172, 15: 175/176, 16:235, 17:235/236, 18:242/243, 19:246, 20:247, 21:248, 22:154/155, 23:156/157, 24:159, 25:31, 26:49, 27:47, 28:81, 29:103, 30:104, 31:107, 32: 122, 33:132, 34:136, 35:60, 36:60/61, 37:91.

F. Druck, Nürnberg a. 1691

Druck: *Vollſtändiges Nürnbergiſches Koch=Buch. Der aus dem Parnaſſo ehmals entlauffenen vortrefflichen Köchin* [...] *Hinterlaſſene und bißhero / Bey unterſchiedlichen der Löbl. Koch=Kunſt befliſſenen Frauen zu Nürnberg / zerſtreuet und in groſſer Geheim gehaltene geweſene Gemerck=Zettul;* [...] *Nürnberg / In Verlegung Wolfgang Moritz Endters / 1691* [...]. Faksimile: *Vollſtändiges Nürnbergisches Koch-Buch.* Mit einem Nachwort von Ingeborg Spriewald, Hildesheim 1979.

Es entsprechen sich: F.Nr.:Dr.Teil und Nr. = 1:I3, 2:I52, 3:I83, 4:VI19, 5: V57, 6:V62, 7:V63, 8:V68, 9:IX21, 10:V22, 11:V27, 12:V37, 13:V7, 14:V9, 15: V10, 16:IV21, 17:IV27, 18:V54, 19:VIII54, 20:X72, 21:III6, 22:III49, 23:III95, 24:III137, 25:III147, 26:III155, 27:III167, 28:III169, 29:III177, 30:III198, 31:III204, 32:X95, 33:X127, 34:X130, 35:X140, 36:X190, 37:II1, 38:II25, 39: II27, 40:II37, 41:II39, 42:II42, 43:II49, 44:II54, 45:II58, 46:II63, 47:II68, 48:II76, 49:II78, 50:XIII56, 51:XIII149, 52:XIII191.

G. Druck, Nürnberg a. 1789/90

Druck: *Vollſtändiges und auf die neueſte Art eingerichtetes Nürnbergiſches Kochbuch, zum Unterricht für Frauenzimmer, nebſt einer gründlichen Anweiſung zu verſchiedenen, in der Haushaltung ſehr brauchbaren und nützlichen Stücken. Erſter Theil* [= I]. *Zweyter Theil* [= II]. *Nürnberg, im Verlag der Stiebneriſchen Buchdruckerey und Buchhandlung, 1789. 1790.*

172   II. Sekundärliteratur

Es entsprechen sich: G.Nr.:Dr.Teil und S. = 1:II30/31, 2:II31, 3:II24, 4: II25/26, 5:I357/358, 6:I440/441, 7:I457/458, 8:I500/501, 9:I506/507, 10:I180, 11:I191/192, 12:I231, 13:I263/264, 14:I292, 15:I300, 16:I311, 17:I323/324, 18:II478-480, 19:I333/334, 20:I388, 21:I411/412, 22:I410/411, 23:I27, 24: I8/9, 25:I43, 26:I49, 27:I55/56, 28:I63, 29:I80/81, 30:I84/85, 31:I125, 32: I139, 33:I145, 34:II281, 35:II279/280, 36:II277/278, 37:II256, 38:II419, 39: II419/420, 40:II420/421, 41:II421, 42:II422, 43:II423, 44:II425, 45:II427, 46:II427/428, 47:II316/317, 48:II317/318, 49:II318, 50:II322, 51:II438, 52: II450/451, 53:II457, 54:II441/442.

H. Druck, Nürnberg a. 1886

Druck: *Nürnberger Kochbuch. Praktiſche Anweiſung alle Arten Speiſen und Getränke auf die schmackhafteſte und wohlfeilſte Art zuzubereiten von Margaretha Johanna Roſenfeld. Siebente vermehrte und verbeſſerte Auflage. Mit Angabe der neuen Maße und Gewichte. Nürnberg. Verlag der Friedrich Korn'ſchen Buchhandlung* [*1886*].

Es entsprechen sich: H.Nr.:Dr.S. = 1:31, 2:31, 3:34/35, 4:64, 5:66, 6:130/131, 7:135, 8:149, 9:210, 10:211/212, 11:126/127, 12:134, 13:141, 14:141, 15:131, 16:132, 17:148, 18:161, 19:162/163, 20:137, 21:138, 22:138, 23:140/141, 24: 139/140, 25:170, 26:173, 27:174, 28:174/175, 29:177, 30:178, 31:179, 32:181, 33:182, 34:71, 35:73, 36:74, 37:100, 38:109/110, 39:94, 40:115, 41:115, 42: 122, 43:90, **44**:223, 45:223/224, 46:224, 47:226, 48:228, 49:229, 50:236, 51: 307, 52:240, 53:244/245, 54:257, 55:259, 56:267, 57:279.

II. SEKUNDÄRLITERATUR

Es werden hier außer einigen allgemeineren Publikationen zu älteren Kochbüchern beziehungsweise zur Fachprosa diejenigen Hilfsmittel aufgeführt, die bei der Erstellung des Wörterverzeichnisses (unten, S. 178ff.) zu Rate gezogen wurden, sowie Handbücher zur Grammatik der fraglichen Zeit und zwei spezielle Arbeiten zu den Schreibungen in den Quellen C. und D.

Alberti, Hans-Joachim von: Maß und Gewicht. Geschichtliche und tabellarische Darstellungen von den Anfängen bis zur Gegenwart, Berlin 1957

Assion, Peter: Altdeutsche Fachliteratur, Grundlagen der Germanistik 13, Berlin 1973

II. Sekundärliteratur

Barth, Erhard: Fachsprache. Eine Bibliographie, Germanistische Linguistik 2 (1971) S. 205-363

Behaghel, Otto: Deutsche Syntax. Eine geschichtliche Darstellung, I-IV, Germanische Bibliothek, Heidelberg 1923-1932

Benecke, Georg Friedrich - Wilhelm Müller - Friedrich Zarncke: Mittelhochdeutsches Wörterbuch, I-III, Leipzig 1854-1866, Neudruck Hildesheim 1963

Birlinger, Anton: Älteres Küchen- und Kellerdeutsch, Alemannia 18 (1890) S. 244-266

Eis, Gerhard: Mittelalterliche Fachliteratur, 2. A., Stuttgart 1967

Eis, Gerhard: Mittelhochdeutsche Literatur: Fachprosa, in: Kurzer Grundriß der germanischen Philologie bis 1500. II. Literaturgeschichte. Herausgegeben von *Ludwig Erich Schmitt*, Berlin 1971, S. 528-572

Eis, Gerhard: Mittelalterliche Fachprosa der Artes, in: Deutsche Philologie im Aufriss. II. Herausgegeben von *Wolfgang Stammler*, 2. A., Berlin 1960, Neudruck Berlin 1978, S. 1103-1216

Elsas, M[oritz] J[ohn]: Umriß einer Geschichte der Preise und Löhne in Deutschland. Vom ausgehenden Mittelalter bis zum Beginn des neunzehnten Jahrhunderts, I, Leiden 1936

Feyl, Anita: Das Kochbuch Meister Eberhards. Ein Beitrag zur altdeutschen Fachliteratur, Dissertation Freiburg i.Br. 1963

Schwäbisches Wörterbuch. Auf Grund der von *Adelbert von Keller* begonnenen Sammlung unter Mitwirkung von *Wilhelm Pfleiderer* bearbeitet von *Hermann Fischer*, I-VI.2, Tübingen 1904-1936

Freund, Sabine - Angelika Schmitt - Hugo Stopp: Graphemische Reflexe lautgeschichtlicher Regionalismen in Handschrift und Druck, Sprachwissenschaft 5 (1980) S. 266-275 [zu den Quellen C. und D.]

Georg, Carl: Verzeichnis der Litteratur über Speise und Trank bis zum Jahre 1887, Hannover 1888

Götze, Alfred: Frühneuhochdeutsches Glossar. Kleine Texte für Vorlesungen und Übungen 101, 7. A., Berlin 1967, Neudruck Berlin 1971

Grammatik des Frühneuhochdeutschen. Beiträge zur Laut- und Formenlehre. Herausgegeben von *Hugo Moser* und *Hugo Stopp*. I.1: Vokalismus der Nebensilben I. Bearbeitet von *Karl Otto Sauerbeck*, Germanische Bibliothek, Heidelberg 1970; I.2: Vokalismus der Nebensilben II. Bearbeitet von *Hugo Stopp*, 1973; I.3: Vokalismus der Nebensilben III. Bearbeitet von *Hugo Stopp*, 1978

Grimm, Jakob - Wilhelm Grimm: Deutsches Wörterbuch, I-XVII, Berlin 1854-1971

Hampe, Th.: [Wörterverzeichnis], in: Gedichte vom Hausrat aus dem XV. und XVI. Jahrhundert. In Facsimiledruck herausgegeben. Mit einer Einleitung von *Th. Hampe*, Straßburg 1899, S. 33-50

Hepp, Eva: Die Fachsprache der mittelalterlichen Küche. Ein Lexikon, in: *Hans Wiswe:* Kulturgeschichte der Kochkunst, S. 186-224

Keil, Gundolf - Peter Assion: Fachprosaforschung. Acht Vorträge zur mittelalterlichen Artesliteratur, Berlin 1974

Keil, Gundolf - Rainer Rudolf - Wolfram Schmitt - Hans J. Vermeer: Fachliteratur des Mittelalters. Festschrift für Gerhard Eis, Stuttgart 1968

Kluge, Friedrich: Etymologisches Wörterbuch der deutschen Sprache, 21. A. bearbeitet von *Walther Mitzka*, Berlin 1975

Lexer, Matthias: Mittelhochdeutsches Handwörterbuch. Zugleich als Supplement und alphabetischer Index zum Mittelhochdeutschen Wörterbuche von *Benecke - Müller - Zarncke*, I-III, Leipzig 1872-1878, Neudruck Stuttgart 1979

Lexer, Matthias: Mittelhochdeutsches Taschenwörterbuch, 34. A., Stuttgart 1974

Meyers Großes Konversations-Lexikon. Ein Nachschlagewerk des allgemeinen Wissens, 1-20, 6. A., Leipzig und Wien 1907-1909

Michels, Victor: Mittelhochdeutsche Grammatik, 5. A. Um ein Verzeichnis neuerer Fachliteratur erweiterter Nachdruck der dritten und vierten Auflage des Mittelhochdeutschen Elementarbuches. Herausgegeben von *Hugo Stopp*, Germanische Bibliothek. NF. 1. Reihe: Grammatiken, Heidelberg 1979

Moser, Virgil: Frühneuhochdeutsche Grammatik. I. Lautlehre. 1. Hälfte: Orthographie, Betonung, Stammsilbenvokale, Germanische Bibliothek, Heidelberg 1929; 3. Teil: Konsonanten, 2. Hälfte, 1951

Paul, Hermann: Deutsche Grammatik, I-V, Halle 1916-1920, Neudruck Tübingen 1968

Pieth, Willy: Essen und Trinken im mhd. Epos des zwölften und dreizehnten Jahrhunderts, Dissertation Greifswald, Leipzig 1909

Ploß, Emil: Rezension von: Daz bůch von gůter spise. Neu herausgegeben von *Hans Hajek*, Berlin 1958, ZDPh. 78 (1959) S. 105-107

Schmeller, J[ohann] Andreas: Bayerisches Wörterbuch, 2. A. bearbeitet von *G[eorg] Karl Frommann*, I-II, München 1872-1877, Neudruck Aalen 1973

Stopp, Hugo: Schreibsysteme in Handschrift und Druck. Zu graphemischen Differenzen der beiden Überlieferungsformen am Beispiel zweier Zeugen derselben Textart, Sprachwissenschaft 5 (1980) S. 43-52 [zu den Quellen C. und D.]

Vicaire, Georges: Bibliographie Gastronomique. Avec une préface de *Paul Ginisty*. Avec des fac-similés, Paris 1890, Neudruck Genève 1978

Wahrig, Gerhard: Deutsches Wörterbuch. Herausgegeben in Zusammenarbeit mit zahlreichen Wissenschaftlern und anderen Fachleuten. Mit einem "Lexikon der deutschen Sprachlehre", Gütersloh 1973

Weinhold, Karl: Mittelhochdeutsche Grammatik, 2. A., Breslau 1883, Neudruck Paderborn 1967

Wiswe, Hans: Kulturgeschichte der Kochkunst. Kochbücher und Rezepte aus zwei Jahrtausenden mit einem Anhang zur Fachsprache von *Eva Hepp*, München 1970

Wörterbuch der deutschen Gegenwartssprache. Herausgegeben von *Ruth Klappenbach* und *Wolfgang Steinitz*, Akademie der Wissenschaften der DDR. Zentralinstitut für Sprachwissenschaft, I-VI, Berlin 1974-1977

III. REZEPTE

Im folgenden Verzeichnis sind alle Rezepte der acht Textausschnitte je einem und nur einem inhaltlichen neuhochdeutschen Stichwort zugeordnet.

III. Rezepte

A

Aal A 32, 37; B 34; D 37; E 17; F 21; G 24; H 25

Aalraupe F 24

Apfelküchlein B 54, 55; C 50; D 62; G 52; H 52

Apfelmus B 48; C 45; F 45; G 38

Aprikosenkompott H 45

Austern D 41

B

Barbe G 23

Barsch A 39

Biersuppe F 2

Birnenkompott H 46

Birnenküchlein B 42, 58, 59; E 32

Birnenmus A 51, 52; C 46; D 58; F 46; G 39

Birnentorte D 69

Blancmanger A 49, 63, 64; D 63

Blaukraut G 35

Blumenkohl G 36; H 34

Bohnen A 42; F 33; G 34

Bratäpfel B 57; C 42; E 31; H 44

Bratpfirsich E 34; G 50

Brombeermus B 49

Brotsuppe E 3, 5

Bücklinge F 28

Buttergebäck H 57

D

Dattelgebäck G 49

Dattelmus G 40

E

Eierauflauf H 39

Eierkuchen E 24

Eiermus B 41; C 37; D 43; F 39

Eierspeise A 45, 46, 47; B 38

Entenragout G 11; H 11

Erbsen A 43; B 37; D 44; F 34

Erbsensuppe C 3; H 1

Erdbeergelee H 50

Erdbeermus F 47; G 41

Erdbeertorte D 65

F

Farce B 12, 14

Feigenküchlein B 53

Feigenmus C 43; D 51; F 44; G 42

Ferkel A 8

Fischfrikadelle B 27; C 32

Fischkonservierung B 30

Fischmus B 35

Fischpastete A 30, 40; D 36

Fischsülze B 29; D 35, 42

Fischsuppe C 1; G 3

Fischwürste C 30

Fleischfrikadelle A 29; B 20, 22

Fleischpastete A 9, 19, 21, 22, 23, 24; B 23

Fleischsülze A 10; B 25, 26

Forelle G 26

Frösche E 20

G

Gänseklein D 15

Gänsesuppe D 3

Gans A 14, 17

Guglhupf F 52; H 53

H

Hammelschlegel H 6

Hase F 14, 15; G 14; H 15

Haselhuhn A 11

Hasenklein D 21

Hasenpastete E 11; F 16; H 18

Hausen G 27

Hecht A 31, 36, 38, 41; B 28, 36; C 27, 29; D 39, 40; E 18; F 22; G 28; H 26

Hechtpastete C 28, 31

Hechtsuppe D 6

Hering F 29; G 29

Herz-Lungen-Ragout H 22

Himbeercreme H 47

Hirn A 18, 25; C 21; D 31; E 14; F 20; G 22; H 20

Hirschlende B 18

Hirschrücken G 15

Hirschschlegel H 16

Holundermus B 47; D 49

Hühnerbrühe E 2; F 1

Hühnerpastete A 20; E 8, 13

Hühnersuppe G 1, 4; H 3

Huhn A 12, 13, 15, 16; B 13, 15, 16; C 11, 12; D 18; E 7; F 9, 10; G 12; H 12

I

Innereien B 24

J

Johannisbeermus H 51

K

Kabeljau G 25; H 27

Käsekrapfen A 67, 68; D 66; E 23

Käsestangen B 39

Käsesuppe G 2

Kalbfleisch B 8, 11; C 9; D 12; E 6; H 7

Kalbfleischkonservierung D 9

Kalbfleischpastete C 18; D 23; H 19

Kalbsbrust G 5

Kalbsmägen H 24

Kalbswürste C 8

Kalbszunge G 21

Kapaun C 13; D 14; G 10; H 13

Kapaunkrapfen C 17; D 27

Kapaunpastete G 18

Karpfen F 23; G 30; H 28, 29

Karpfenpastete C 34

Kartoffelgericht H 35

Kartoffelsuppe H 2

Kastanien G 48

Kastanientorte G 53

Kirschauflauf A 48, 55

Kirschmus B 43; G 43

Kochfisch, gebraten und gebacken D 38

Kohlrabi H 36

Kräuterauflauf C 35, 36; D 46, 48; E 22

Krammetsvögel H 14

Krapfen G 51

Krebse F 31

Krebsmus B 33; D 34; E 21

Krebspastete B 32

Krebssülze B 31

Kutteln A 26, 27

L

Lachs A 33; F 27; H 30

Lamm F 5

Lammschlegel G 6

Lammwürste C 23

Lampreten A 35

Lauch A 44

Leber A 28; D 24, 28; F 19; G 19; H 21

Lebersoße A 1

Leberwurst C 24; D 29

Lebkuchen D 70, 71; E 35

Lendenbraten F 7

Linsensuppe C 4

Linzer Torte H 56

Lungenmus D 32; E 15

M

Mandelgebäck B 52; C 49

Mandelkuchen A 72

Mandelmus A 56, 57; C 38; D 50, 53, 56, 57; E 27, 29; F 42, 48; G 44

Mandelpudding A 54, 58; B 45, 50, 51; C 39; E 25

Mandelschnitten E 36; G 45

Mandeltorte C 51; D 68

Mandelwecke A 59

Marzipan C 40; E 26

Milchmus D 45; F 38

N

Neunauge F 26; G 31

Nieren F 18; G 20

Nußkrapfen A 69, 71

Nußmus A 65

O

Obstessig A 2, 5; D 8

Obstessigsuppe F 3

Obstmus B 46; C 48

Ochsenfleisch D 11

Osterlamm D 13

P

Pfannkuchen C 53

Pflaumenmus A 50; G 45

Pflaumentorte D 64

Pfrillen C 26

Pistaziencreme H 48

Pistazienmus F 41

Pökelzunge D 30

Q

Quarkauflauf E 37

Quittenküchlein C 47

Quittenmus A 53; G 46

R

Rahmmus D 59

Rahmsuppe D 4

Reh B 19, 21

Rehragout H 17

Rehrücken F 13

Rehschlegel C 15; D 20; G 16

Reisküchlein B 56

Reismus A 61, 62; B 44; F 49

Reispudding H 42

Reistorte D 67

Rinderrippe F 6

Rindfleisch G 7

Rindfleischpastete F 17

Rindsrouladen H 8

Rosinenkrapfen A 70

Rosinentorte D 72

Rüben F 36

Rübenbrühe B 1

S

Salm E 16; H 32

Schafsschulter C 10

Schellfisch H 33

Schleie F 25

Schmalzgebackenes C 52; F 50

Schnecken E 19

Schokoladencreme H 40

Schweinefleisch D 10; F 8; H 9

Schweinefleischkonservierung C 6

Schweinskeule G 8

Schweinskopf B 9, 10; C 5, 7

Semmelknödel F 32; H 37

Semmelmus D 47

Senf B 6; D 7

Singvögel D 16, 17; E 9; F 12

Soße A 4, 7; B 2, 3, 4, 5; C 2; D 1, 5; E 1, 4; F 4; H 4, 5

Spätzle H 38

Spanferkel G 9; H 10

Spargel F 35; G 37

Stockfisch A 34; C 25, 33; D 33; F 30; G 33; H 31

Stör G 32

Strauben B 40

T

Truthenne G 13

V

Vanillecreme H 49

Vogelpastete D 26

W

Wachtelmus B 17

Weichselauflauf H 41

Weichselkuchen H 54

Weichselküchlein D 61; F 51

Weichselmus A 66; D 54; H 43

Weichselschnitten A 60; B 7

Weinbeermus C 41, 44; D 55, 60

Weinmus D 52; E 28; F 37

Wildfleisch D 19; E 10; G 17

Wildfleischkonservierung D 22

Wildpastete C 14, 16, 20; D 25

Wildtauben F 11

Würzbrühe A 3, 6; D 2

Z

Zitronen, gefüllt G 47

Zitronenmus F 43

Zuckermus E 30; F 40

Zunge C 22

Zungenpastete C 19; E 12

Zungenragout H 23

Zwetschgenkuchen H 55

Zwetschgenmus E 33

IV. WÖRTER

Das folgende Verzeichnis, das von den Texten ausgehend konsultiert werden soll, will lediglich eine Lesehilfe bieten und enthält im ganzen nur diejenigen Wörter der acht Textausschnitte, deren Bedeutung mit Hilfe von M. Lexers Mittelhochdeutschem Taschenwörterbuch (sieh oben, S. 174) nicht ohne weiteres ermittelt werden kann. Zu den benutzten Hilfsmitteln sieh oben, II. Sekundärliteratur, S. 172-174. Die sehr wenigen vorkommenden Namen sind, soweit sie der Erläuterung bedürftig erschienen, in das Verzeichnis mitaufgenommen.

IV. Wörter

Flektierte Wortformen sind in einer Grundform (Nominativ Singular des Substantivs, Infinitiv des Verbs, sogenannte unflektierte Form des Adjektivs und des Partizips Präteriti) angesetzt; Komposita und Präfixbildungen sind zusammengeschrieben; es ist durchgehende Kleinschreibung der Lemmata eingeführt. v ist gemäß seiner Geltung als Konsonant oder Vokal eingeordnet.

A

aalruppe Aalraupe

abbraten fertig braten

ab(e)rüeren beim Kochen untereinanderrühren, zur Mischung oder Sonderung

abmachen fertig machen zum Auftragen

abschlagen (zer-)quirlen, mit dem Rührlöffel schlagen

abſchüpfen brühen

ader abermals

aerbes sieh *erbeiz*

affterdarm Mastdarm

air Ohr, beim Fisch: Kieme

anlaufen ziehen

anlegen anbrennen

anſchlucken aufsaugen

anſtoß Anzünden des bei dem Feuersetzen aufgestellten Holzstoßes

anzeugen herstellen

anziehen anbraten

arm in: *arme ritlere* in Teig gedrückte und mit Butter gebackene Semmelschnitten

aſchlauch, aſchloch Schalottenzwiebel

auffdönet aufgequollen

aúfflaffen aufgehen

auffſetzen Tafelaufsatz

aufpratzeln Prasseln vom Feuer, siedenden Schmalz usw.

ausblättern zerlegen

austräufen innen beträufeln

aúsziechen abziehen, schälen, enthäuten

außzogen mel Auszugsmehl

ayerkäß Gericht aus Eiern und Milch

B

backrad Rad zum Rändern des Teiges

baißen beizen, einweichen, mürb machen

bamnúſß Walnuß

baſtel eine Art Weißbrot oder Kuchen, dünn, ungesäuert und hart

baumoel Olivenöl

becken (ab-), (klein-)hacken, zerschneiden, klopfen

becklein Hinterbacke der Tiere, Lendenstück

behebe fest schließend, dicht, wasser- und luftdicht

behemmiſch böhmisch

beleſen rein lesen, reinigen

berſich, berſig Barsch

bertram Ringblume, Feuerwurzel

beſtetten befestigen

betreiffen beträufeln

betuchen untertauchen, mit Wasser bedeckt sein

beütelmel gesiebtes Mehl

bezzin weiße Rübe, weißer Mangold

bicken mit einem spitzen Gegenstand anhauen

bieſſen sieh *bezzin*

binetſch Spinat

bizelein sieh *zitronenbizelein*

blab blau

blamenſer, blamenſīr Blancmanger

blat dünner Eierkuchen oder dünn ausgerollter Teig

blatz Fladen, Scheibe

blúen klopfen, schlagen

bögel Bügel, Reif

bolei Flohkraut

bolliſch polnisch

bören kneten, durcharbeiten

borragen Borretsch

borsdorferapfel eine Reinettenart

brät das eßbare Fleisch der Tiere und Fische, rohe Wurstmasse

brätle Diminutiv zu *brät*

brait Brot (auch: breit)

braſme Brasse, Brachse

bratbirn geschmorte Birne

bratenius Bratensaft

breitlet breit

bret sieh *brät*

bretig zur Herstellung von Brät (sieh *brät*) geeignet

brexine sieh *braſme*

brieſe, brieß, briz Brustdrüse des Kalbs, Bries

brodröhre irdenes oder eisernes Gefäß zum Braten auf dem Herd

broſlecht bröselig

brot breit (auch: Brot)

brüffen abschmecken

brünelle vor der Reife geerntete, entsteinte und gepreßte Trockenpflaume

butzigt klumpig

C

caſtrol sieh *kaſſerolle*

chalotte Schalotte, kleine eiförmige Brutzwiebel

cleiber klebrig

clüppelin abgespaltenes Stück, Stäbchen, Spießchen

clüſterlin Verschluß, Pastetendeckel

colris, colrys Eierspeise

codimet, condiment Würze, Würzbrühe, gewürzte Sauce

conkauelit Süßspeise

coſtentz Konstanz

cubebe sieh *zitwebe*

cyger sieh *ziger*

D

der + Verb = *er-*

deüig, dewig verdaulich

dewung Verdauung

deyment Thymian

digen getrocknet, geräuchert

dönet sieh *auffdönet*

dörr getrocknet, trocken

düpffel Topf, bauchiges Gefäß

durchausgehen hindurchgehen

durchbruch Durchfall, Diarrhöe

durchgang Küchengerät zum Durchseihen

durchlauff Durchfall, Diarrhöe

durchschlagen passieren, seihen

durchtreiben durchpressen, durch einen Seiher drücken

dürr sieh *dörr*

dych das Dicke, Deftige und Kräftige

E

einbaiſt gebeizt

einwendig innen

elnſchaft Ellenstab

enis Anis

erbeiz Erbse

erber Erdbeere

erbes, erbis sieh *erbeiz*

erden irden, tönern

ergan, ergangen zerlaufen, sich auflösen

IV. Wörter 181

erkecken   fest werden
erſproſſen   gedeihen lassen
erſtarcken   fest werden
erwis   sieh *erbeiz*
eſſig   gefräßig
eyter   Euter

F

faiſtin   Fett
farce   Füllung für Geflügel, Pasteten usw. aus gehacktem Fleisch, Fisch, Ei, Gemüse und Kräutern u.a.
farin   (brauner) geringwertiger Zucker
fial   Veilchen
fleme   Nieren- und Bauchfett des Schweins
foder   Vorderteil
fo̊rmlich   in richtiger Form
fúrheſß (von ainer ganß)   Gänseklein; man vergleiche auch *vorha̋s*
fúrmúſß   Vorspeise
fúrſchlagen   sieh *vorschlagen*
furtragen   auftragen

G

gebeet   aufgewärmt (von der Suppe) (?)
gebrete   Gebratenes
geduncken   scheinbar
geha̋ck, geheck   Haché, gehacktes Fleisch
gelebt   gestanden, geronnen
geleg, gelegt, gelett   Lage
gemecht   gestoßene Zungen, Rüssel, Ohren von Schweinen
gepet   geröstet
gerete   Fischgräte
gerthen   Schafgarbe

geſcherb, geſcherbel   Geschnitzel von Obst, zu einem Gemüse klein geschnittenes Obst
geſtan, geſten   fest werden
getrahte   Gericht
gezogen   dünn ausgezogén (vom Teig)
giſtig   schaumig
glaſurt   glasiert
glecklen   sich hin und her bewegen
glet   sieh *geleg*
gleym   fest, dicht, knapp anliegend
grens   Grünes
gret   Gräte

H

hachis   Haché, gehacktes Fleisch
häringsmilch   Samenflüssigkeit der männlichen Fische
handtbrot   handbreit
haſelhuon   einheimisches kleines Rauhfußhuhn
hauen   abhauen
hauffrecht   haufenförmig
hauſenblaſe, hauſenblater   Hausenblase (Geliermittel)
hohleiſen   eisernes Instrument zum Hohlmachen eines Gegenstandes
holbraten   eine Art Spießbraten
holdern   aushöhlen
holzapfel   Wildapfelart mit kleinen, herben Früchten
honigſaum   Honigseim
hűchen   Rotfisch
hüfen   Hagebutte
hůchen   sieh *hűchen*

I

irdin, irrden   sieh *erden*

K

kachelmus Milchmus

kalbsmillichlach Kalbsbrieschen (sieh *brieſe*)

kalck Kalklauge

kaldiment Eingeweide von Tieren

kanarienzucker Zucker von den Kanarischen Inseln

kanten Kanne

kaſſerolle, kaſtrol Kasserolle

keck fest

kell Kohlkopf

kern Milchrahm

kerner (Pl.) sieh *korn*

kersſeltz Kirschsirup

kert gehört

keſe sieh auch *mandelkḁ̈ß*

kieferbſe grüne Erbse, noch in der Schote

kimech, kimich Kümmel

kleppern (zer-)quirlen, mit dem Rührlöffel schlagen

knȯ̈pffel, knopflein Klößchen, Klümpchen

knȯ̈tlein Kloß, Knödel

knucke knorpeliges Stück Fleisch

körbelkraut Kerbel

kolbirn kegelförmige Birne

konkavelite sieh *conkauelit*

koppe Kapaun

korenplomen Kornblumen

korn auch: Paradieskörner, Samen eines Ingwergewächses

krafftnu̇̈ßlein Zirbelnuß

kramatbeer, krametber, krametper Wacholderbeere

krieche kleinfruchtige runde Pflaume

krinellach Kerbe

krȯ̈pffen köpfen

kroßayer schmalzgebackene Eier

ku̇chin Küchlein, Diminutiv zu Kuchen

kümich sieh *kimech*

ku̇ten, kütten Quitte

kuttelkraut Eberreis, Eberaute oder Thymian

L

lȧ̈hn lind, weich

laibkuchen Lebkuchen

laperdan gesalzener Kabeljau

latwerge Fruchtmus

laxieren abführen, reinigen

lecku̇chen Lebkuchen

leg sieh *geleg*

lemani sieh *lemoni*

lembratten Lendenbraten

lemoni, lemonie, limoni(e) Zitrone

lenbratten sieh *lembratten*

leu̇tzbirn Birnenart, besonders zum Dörren und Mosten

lezelte Lebkuchen

linido Lindau

lu̇mmel Lendenstück, -braten

lungſichtig lungenkrank

lutertrank über Kräuter und Gewürze abgeklärter Rotwein

M

mȧ̈lben sieh *milben*

malúaſier, malvaſier Malvasier, Süßwein aus der griechischen Stadt Malvasia

mandelkȧ̈ß, mandelkeſe Speise aus Milch, Eiern und Mandeln

mandelmilch weißer Saft aus Mandelkernen

marach sieh *morche*

maſeron Majoran

materie Masse

mayenſchmaltz Schmalz aus Maienbutter

meerdrᵉäubel Rosine

melben sieh *milben*

melbirn Mehlbirne (pyrus irregularis)

mertrin Mutterkraut

metzg Schlachthaus, Metzgerei

mieſig, mieſſig musig

milben in Mehl wenden

milbig staubig

mörſel Mörser

molle weiches Inneres (des Brotes, der Semmel)

molte Trog

morche Möhre, Rübe

morgel Morchel

mᵉüßen sich musen, zu Mus werden

múlter, mᵒulter, múolter Trog

mursal Stückchen

N

nᵉägelſtüp Nelkenpulver

nᵉünauge Neunauge, aalähnliche Fischgattung

O

oflatte Oblate

or Ohr; auch: Eier

orwāg hier: *or, wang*

oſterg Auster

P

parsdᵉörffer sieh *borsdorferapfel*

paſtey Pastete

paúcht offenbar Schreibfehler für *braucht*

pfefferkraut Bohnenkraut

pfefferlein Pfefferbrühe, Sauce

pfefferpfanne ein Seiher von Blech in Form einer Pfanne

pfeffertuch ein mit Pfeffer getränktes Tuch, das zum Würzen benutzt wurde; Seihtuch aus grobem Gewebe

pfēnwert was einen Pfennig wert ist

pferſing Pfirsich

pieg Bug

pieſſen sieh *bezzin*

pinetsch sieh *binetsch*

piniennᵉüßlein Samenkern der Pinie

piphenne Truthenne

plat sieh *blat*

platz sieh *blatz*

pontackwein, pontakwein Bordeauxwein (nach einer Familie de Pontac)

praitlat sieh *breitlet*

pratſchier Bratschlegel

prente Zuber, Trog

pret sieh *brᵉat*

primbſen Schafkäse (?)

prᵒnelle sieh *brünelle*

provenceroel hochwertiges Speiseöl aus Oliven

prudig siedend (?)

prᵉufen sieh *brᵉuffen*

Q

qualen (?) zu *twe(h)le* Zweig (?)

qúertle Quart, 0,36 l

quint Quint, ca. 4 g

R

rach Rauch

*rāwmlin*ᵉᵛ Diminutiv zu *raum*

rainbel, rainfal, rainffel Südwein (von Rivoli?)

raum Rahm

raunff, raunfft Rand

rautte Name rautenähnlicher Pflanzen, gemeiner Erdrauch, kleines Johanniskraut

rechen räuchern

rechtſchaff richtig, echt

regelbirn Birnenart Königsbirne

renfftlin Kruste

rerlach Zimt

reſch knusprig, scharf gebacken oder gebraten

reſß scharf

reütterlen Sieb

reynevan Rainfarn, falscher Wurmsamen, Wurmkraut

rheinpfiffer Pfifferlingart

richen aufreihen, schichten

riemen, riemenstück Teil des Schweifstücks vom Rind

ring dünn

ritler sieh *arm(e ritlere)*

röhrofen Ofenröhre

röſchen rösten, dörren, mürb machen

rößlet rötlich

roſch grob

roſſenzúcker mit Rosenblättern versetzter Zucker

rüſtung Art und Weise der Zubereitung

ruzzig russisch

S

ſack sackartiges Sieb

salvenſtäudlein Salbeipflanze

schärtlein kleine Pfanne

schalenſtück Fleischteil vom Schlegel des Rinds

ſcheffin vom Schafe

ſcheiblecht scheibenförmig

ſchelffe Schale

schepſenfleiſch verschnittener Schafbock, Hammel

ſcheüblecht, ſcheüblet sieh *ſcheiblecht*

ſchineht streifenförmig

schinkeneſſenz Schinkenbrühe

ſchiſſelmúſß sieh *schüſſelmůß*

schleiſſe Kienspan

ſchlichten glatt legen

ſchmaltzbirn Birne, die wie Schmalz im Munde zergeht

ſchöln spülen, hin und her schwenken

ſchrettel abgeschnittenes Stück

schüſſelmůß Eiermus

ſchweren beschweren

ſegen abschöpfen

ſeitfarb Safran (?)

ſelbling Saibling, Salm

ſeltz Soße, Sirup

serin eine Pflanze

ſödichin Diminutiv zu *sod* Brühe von Fleisch oder sonst einer gekochten Speise

spießvogel Vogel, der am Spieß gebraten wird, der spießweise verkauft wird

ſpiling Frucht des gemeinen Pflaumenbaumes

ſteidlin kleine Staude

stichbeer Stachelbeere

ſtollicht mit kurzen, starken Füßen versehen

súpenſeichlin Suppensieb

T

tauel verhältnismäßig dünne Platte, Scheibe von Holz

teüchen drücken

tiech Oberschenkel

IV. Wörter

tir sieh *dörr*

tog Teig

treiffen sieh *betreiffen*

trieget gestoßenes Pulver aus verschiedenen vegetabilischen Stoffen (Zucker und Zimt)

triſanet, triſaney sieh *trieget*

tritſch Aalraupe, Aalquappe

troſchel Drossel

troß Schlund, Gurgel

trüge trocken

trunck Schuß, Menge, die man mit einemmal eingießt

túch siebartiges Tuch, Beuteltuch

U

vbeldawig schwerverdauend

überſchlagen lauwarm werden

überſich nach oben

vmtreiben umrühren

vnngeriſch ungarisch

untergreifen zwischen Haut und Fleisch Füllsel einschieben

vzlesen auslesen, auswählen

V

verkleppern sieh *kleppern*

verſchwitzen Feuchtigkeit aussondern

verſirten verderben

viſchſchmaltz Tran

vogelſpeys Speise aus gehackten, harten Eiern

vorhäs Vorderbeine der Hasen

vorschlagen vorschmecken, im Geschmack vorherrschen

W

wallen wälgern (auch: aufkochen)

waſſerbirn wasserreiche Birnensorte

wechhalderportze Wacholderreis

weckbrot Brotschnitte, worüber warme Fleischbrühe gegossen wurde

wecken keilförmiges Stück

weckschnitte in Teig getauchte und in Fett gebackene Semmelschnitten

weiden die Innereien herausnehmen

weliſch, welſch romanisch, italienisch, französisch; *welſche nuß* Walnuß, *weliſche winber/weinber* Rosine

wiſtler Rotschwanz

wöllger Wälgerholz

wolzeitig ganz reif

wügen fügen

wuſt Schmutz

Z

zam in: *zame milich* geronnene Milch

zehmer sieh *züner*

zenterling Räucherfleisch

zerblättern zerlegen

zeteln streuen

ziger Quark, geronnene Milch

zimerrerle, zimetrerlach Zimtstange

ziſeünlein stark gewürzte, süße Brühe, Sauce

zitronenbizelein Zitronenstückchen, -scheibe

zitwebe, ziwibe getrocknete große Kochrosine

zopfen zerzupfen

zu + Verb = *zer-*

züner Rückenstück

zugeruſt zugerüstet, vorbereitet

zugoß Hinzugegossenes

zv̊, zůr + Verb = *zer-*

zutetig passend (?)

zv̊varn in Stücke zerfallen, beim Kochen erweichen

zwerch in: *zwerchen finger* finger-
  breit

zweßbe Zwetschge

zymetrinde, zymetrör̄ē sieh *zimer-
  rerle*

zýwibe sieh *zitwebe*

GRAMMATIK DES FRÜHNEUHOCHDEUTSCHEN

BEITRÄGE ZUR LAUT- UND FORMENLEHRE
HERAUSGEGEBEN VON HUGO MOSER UND HUGO STOPP

ERSTER BAND:

Vokalismus der Nebensilben

1. Teil. Bearbeitet von K. O. Sauerbeck, 1970, XIV, 364 S.,
   Kart. DM 70,-, Ln. DM 85,-

2. Teil. Bearbeitet von H. Stopp, 1973, 358 S.,
   Kart. DM 55,-, Ln. DM 70,-

3. Teil. Bearbeitet von H. Stopp, 1978, 303 S.,
   Kart. DM 150,-, Ln. DM 170,-

Die Fachkritik zu Band I.3 (1978):

„Eine der vielen großen Lakunen in der Erforschung der deutschen Sprache wird mit diesem hervorragenden Unternehmen ausgefüllt."

Heinrich Bach, Beiträge zur Namenforschung. Neue Folge 14 (1979) S. 137

„Auch in diesem Band ist wieder eine große Materialmenge aufgearbeitet und wird in instruktiver, leicht zugänglicher Form dargeboten. Trotz der Kompliziertheit frühneuhochdeutscher Sprachverhältnisse ist es St[opp] überzeugend gelungen, seine Untersuchungsergebnisse in Übersichten darzustellen, aus denen sich Entwicklungstendenzen über drei Jahrhunderte in ihrer sprachgeographischen Differenzierung ablesen lassen. Das bedeutet einen wesentlichen Fortschritt gegenüber der bisherigen Situation, in der ein solches Hilfsmittel zur historischen Grammatik der frühneuhochdeutschen Periode für diesen Sachbereich fehlte. Besonders instruktiv ist z. B. die Beschreibung der Verhältnisse beim Abstraktsuffix *-nis/-nus* oder bei den Diminutivsuffixen *-ken/-chen/-lin*; übergreifende Untersuchungen zur Herausbildung der einheitlichen Norm der deutschen Literatursprache, in deren Argumentation z. B. diese Suffixe mehrfach eine wichtige Rolle gespielt haben, können jetzt auf eine wesentlich breitere – und damit auch gesichertere – Materialgrundlage zurückgreifen. – Darüber hinaus machen die Ausführungen deutlich, daß die Verhältnisse teilweise noch wesentlich schwieriger und verwickelter als angenommen sind; sie geben wichtige Hinweise darauf, wo weitere zukünftige Forschungen auf diesem Gebiet anzusetzen haben."

Joachim Schildt, Deutsche Literaturzeitung für Kritik der internationalen Wissenschaft 101 (1980) S. 40f.

CARL WINTER · UNIVERSITÄTSVERLAG · HEIDELBERG